PAUL GHIO

L'Anarchisme aux États-Unis

Librairie Armand Colin

Paris, 5, rue de Mézières

L'Anarchisme aux États-Unis

A LA MÊME LIBRAIRIE

DU MÊME AUTEUR :

Notes sur l'Italie contemporaine. Un volume in-18 jésus, broché . . . . **3 fr.**

Caractères généraux de la vie italienne. — L'essor économique. — L'Italie agricole. — Le mouvement social. — L'évolution politique. — Brigands et brigandage en Italie.

919-03. — Coulommiers. Imp. PAUL BRODARD. — 10-03.

PAUL GHIO

L'Anarchisme aux États-Unis

PRÉCÉDÉ D'UNE LETTRE

DE

LOUIS MARLE

Librairie Armand Colin

Paris, 5, rue de Mézières

1903

A MADAME

CÉCILE DE JONG VAN BEEK EN DONK

En souvenir reconnaissant de sa précieuse collaboration.

P. G.

LETTRE DE M. LOUIS MARLE

Vous avez, mon cher Ghio, produit *une œuvre* et je vous en félicite. Les livres qui comportent un enseignement sont assez rares aujourd'hui pour que nous ayons le devoir de fixer notre attention sur le vôtre. Car, justement, son mérite sera d'avoir fait pénétrer dans les cerveaux d'Extrême-Occident cette confiance de l'individu en soi-même qui fait les hommes et régénère les races.

Vous semblez adopter pour vôtres les doctrines professées par Benjamin R. Tucker. D'autres les étudieront en se plaçant sur le terrain de l'économie sociale; ils les exalteront ou les combattront suivant leurs tempéraments, et selon qu'ils se seront préalablement catalogués sous l'épithète « individualiste » ou « communiste ». Je ne veux point apporter ma pierre à cet édifice de discussion. Vous savez que, si j'ai de la société future une vision quelque peu différente de la vôtre, je me suis toujours gardé de cet exclusivisme absolu qui est l'écueil des systèmes; syncrétisme, spiritualisme, matérialisme, me paraissent être les trois angles d'un même triangle, et je crois que la vérité jaillira un jour de la synthèse des doctrines.

* * *

Sociologiquement, il en est de même : la théorie communiste intégrale, qui supprime la liberté de l'individu, non plus que la théorie anarchiste absolue, qui ne reconnaît pas l'utilité du contrat social, ne peuvent, à mon sens, se défendre devant la Logique. Le Vrai me semble être dans l'établissement d'un *modus vivendi* entre les cellules sociales que sont les êtres humains. Que ce lien entre leurs cerveaux et leurs consciences doive être librement consenti, et non imposé; qu'il ne soit l'effet d'aucune contrainte, rien de mieux. Mais, justement, je crois que son intérêt propre commande à chaque individu de consentir ce lien, de cesser d'être *homini lupus*, de travailler à substituer, suivant l'expression de Guesde, l'*administration des choses au gouvernement des hommes.*

Et là, je me permettrai une simple remarque : Tucker me paraît avoir confondu le collectivisme étatiste — grossière erreur — avec le collectivisme vrai. Si, en France, quelques-uns, dérivant le courant de l'idée nouvelle, ont eu la baroque pensée de fortifier la citadelle capitaliste contre laquelle ils prétendent donner l'assaut, en remettant à l'État — émanation d'une classe dirigeante — la propriété de nouveaux monopoles et en lui donnant, par cela même, un regain de vitalité, il ne faudrait point croire que l'idéal collectiviste se résume en la main-mise des pouvoirs, *constitués tels qu'ils le sont actuellement*, sur tout ce qui est richesse. Loin de là. Car, à toute transformation économique doit correspondre une transformation politique, et l'organisme central, représentant direct de la collectivité tout entière, n'est plus, dans la société entrevue par les collectivistes, qu'une sorte de régulateur, un indicateur des ressources et des besoins de tous.

*
* *

Aussi bien, passons : j'ai dit que je n'avais point entrepris de discuter. Je veux seulement examiner quelle influence peut avoir, en nos pays, la propagation des idées individualistes, d'essence anglo-saxonne, dont vous êtes allé étudier les manifestations outre-Atlantique.

Vous êtes, comme moi, mon cher Ghio, de cette race latine qui, durant des siècles, éleva sur le monde le phare resplendissant de la pensée humaine. L'âme des ancêtres habite et chante en vous, et je n'en veux pour preuve que l'harmonie de votre phrase et ce souci de l'image et de la couleur, qui fait vivantes vos descriptions et rend facilement accessibles vos dissertations sur les sujets les plus ardus. Déjà vous aviez montré ces qualités brillantes et rares dans vos *Notes sur l'Italie contemporaine.* Aujourd'hui, vous ressentez, en racontant les souffrances des habitants des *slums* de New-York ou de Chicago, un frisson de douleur généreuse, et vous vibrez d'indignation vraie avec Luigi Galleani. Vous notez l'influence des doctrines individualistes sur les travailleurs de l'Union; mais en même temps vous faites sentir quelle influence ces doctrines ont eue sur vous-même. Inconsciemment, vous vous livrez tout entier en écrivant une œuvre qu'un Anglo-Saxon, par exemple, eût faite essentiellement objective. C'est là une des caractéristiques et un des plus précieux privilèges du génie de notre race.

Mais ce génie — et c'est là que j'en voulais venir — où et comment, depuis quelques lustres, s'est-il manifesté?... Il m'apparaît, hélas! mon cher ami, — et nous l'avons constaté ensemble bien souvent, — que les Latins s'endorment actuellement dans une torpeur qui, si elle n'est secouée, est destinée à devenir mortelle. Nous sommes toujours la race créatrice. Mais l'individu, chez nous, ne sait point tirer parti de ce qu'il crée. Il manque de cette confiance en soi, de ce si précieux esprit d'initiative, qui se révèle chez les Anglais ou chez les Américains du Nord. Certes, nous n'en sommes pas encore arrivés à nous engourdir comme les Chinois après Khoung-Tseu ou les Arabes après les Abbassides. Cependant, accoutumés à des soumissions millénaires, courbés devant les Césars, puis devant le pouvoir papal, puis ensuite devant les dynastes absolus; habitués par conséquent à tout attendre d'un organisme central, — théocratique, monarchique ou oligarchique, — nous n'avons pas cette démocratie véritable dont, les premiers, nous avons donné la formule. Notre cerveau est assez puissant pour concevoir. Des visions le traversent, — visions prophétiques d'un avenir meilleur. — Mais notre bras demeure inerte; aucune impulsion ne le meut à l'action, au geste libérateur. Pourquoi?...

Parce que nous attendons, — vainement, cela va sans dire, — que le Pouvoir, que l'État fasse notre besogne et réalise nos espérances.

En Art, en Littérature, en Sociologie, toutes ou presque toutes les œuvres de nos grands hommes indiquent cet agenouillement inconscient devant un Dieu, — ou devant une entité. Nous n'avons pu nous évader encore de la prison où nous tiennent enfermés l'hérédité et l'atavisme. De grands tressaillements ont pourtant secoué ce siècle, en ces dernières années. Des tempêtes ont agité les consciences. Reprenant l'œuvre des encyclopédistes, des démolisseurs, comme Octave Mirbeau et Anatole France, des prophètes comme Zola et J.-H. Rosny ont gravé dans les cerveaux des vérités informulées jusqu'alors. Mais peut-être leur enseignement fut-il trop subtil. Peut-être eut-il le tort de revêtir la forme parabolique, ce qui empêcha les masses de comprendre immédiatement. Ces hommes eurent d'ailleurs à lutter contre l'influence de nombreux talents, attachés à prix d'or à la mauvaise cause de l'asservissement des âmes.

Ce qu'il fallait, ce qu'il faut encore, et plus que jamais, c'est, — à côté de ces écrivains et de ces penseurs, — des vulgarisateurs de l'esprit de révolte : il faut montrer à l'homme qu'il est une puissance. Il faut rééditer le *Discours sur la servitude volontaire*, débarrasser l'individu de ses accoutumances de servilité et lui redresser le genou.

*
* *

Peut-être s'étonnera-t-on de lire, sous ma signature, cet éloge de la *méthode* individualiste. Il est admis, en effet, par quelques-uns, que celui qui a adopté pour sienne une théorie philosophique ou sociologique n'a pas le droit de prendre, à droite ou à gauche, ce qui, dans les autres doctrines, lui paraît bon. J'estime exécrable ce mode de raisonnement. Encore qu'éloigné d'être absolument d'accord avec Tucker quant à sa conception du régime économique futur, je reconnais cependant que ses idées doivent profondément — et heureusement — modifier le caractère des individus de notre race. Et il faut, tout d'abord, « faire des hommes ». Plus ils seront dignes de ce nom, plus leur mentalité s'améliorera. Henry Maret, le délicat et alerte polémiste, qui est, lui aussi, un individualiste, ne donne-t-il pas satisfaction, dans ses *Pensées et Opinions*, à ceux dont le tempérament se tourne vers les aspirations communistes, quand il déclare que la propriété individuelle n'est pas la base nécessaire d'une société?... Et ceci ne démontre-t-il pas que tout esprit libéré, toute conscience épanouie, en arrive fatalement à la connaissance de la vérité?...

Pour me résumer, je vous dirai simplement, mon cher Ghio, — sans vous infliger à nouveau la banalité d'un éloge, — que votre livre m'a profondément intéressé. Il m'a ému d'abord en me révélant toute une humanité misérable, dispersée dans les bouges des grandes cités américaines où pullulent les milliardaires; ensuite, j'ai senti, plus que jamais, en le lisant, combien il est nécessaire de donner à l'homme conscience de sa valeur propre. *Memento quia pulvis es!...*

lui crie l'Écriture. Parole stupide et néfaste. Eh bien, non! tu n'es pas que de la poussière, être de race humaine!... Tu es de la matière, soit, mais de la matière animée, de la matière sublime. Penche-toi sur ton âme et regarde... Tu te rendras compte que toi, dont quelques-uns de tes semblables, mués en oppresseurs, avaient voulu faire une brute, — tu es, en réalité, un Dieu!

Louis Marle.

L'ANARCHISME
AUX ÉTATS-UNIS

INTRODUCTION

APERÇU DE LA DOCTRINE ANARCHISTE

Le fait caractéristique que l'on constate dans toutes les sociétés humaines du passé et du présent est l'existence, sur le même territoire, et faisant partie de la même collectivité, de deux catégories distinctes d'hommes : la catégorie des gouvernants et la catégorie des gouvernés, la catégorie de ceux qui commandent et la catégorie de ceux qui doivent obéir, la catégorie de ceux qui font les lois et la catégorie de ceux qui sont astreints à les observer. Est-il absolument nécessaire que ces deux catégories humaines existent superposées l'une à l'autre? C'est ce que se sont demandé les anarchistes, et leur réponse a été négative. Que le gouvernement, disent-ils, soit le représentant d'un droit soi-disant divin ou l'émanation de la volonté d'une majorité, le résultat d'une conquête ou le produit d'un plébiscite, il ne peut être que l'organe d'une violence permanente et systématique. Suivant les anarchistes, l'État, même dans les sociétés les plus démocratiques, organisées sur la base du suffrage le plus universel que l'on puisse concevoir, serait donc forcément une entrave pour l'essor de l'initiative individuelle. Il agit par autorité ; par conséquent, il nous enlève une part de notre liberté personnelle. Qu'il nous mène sur la voie du bien ou sur la voie du mal, c'est par force qu'il nous y conduit, et nous n'entendons pas tolérer que nos actes soient le produit d'une violence.

Mais l'État nous protège, disent les démocrates. Contre qui? Contre les criminels? Non! car la criminalité jaillit de la loi elle-même et des monopoles qu'elle engendre. Supprimez la loi, détruisez les monopoles qui en sont la conséquence naturelle, et la criminalité disparaîtra à son tour.

La démocratie, par conséquent, n'a pas beaucoup d'attrait pour les anarchistes. Elles est, suivant eux, aussi autocratique que n'importe quel régime absolu. La majorité des électeurs, disent-ils, exerce une autorité abusive sur la minorité, et cela, non seulement en dépit de l'intérêt de cette dernière, mais aussi bien en dépit de son intérêt propre, car le vote de la majorité aboutit constamment à la consécration pratique des prétendus droits d'une minorité organisée et déjà toute-puissante avant les élections. Ainsi, le vote ne sert, en définitive, qu'à légitimer légalement les privilèges existants et à consolider leur pouvoir effectif. Comme les propriétaires terriens n'élisent jamais que des députés voués au maintien du monopole de la propriété, et les industriels des députés favorables aux prérogatives du capital, les ouvriers seront fatalement poussés à élire des porte-voix de leurs vœux de prolétaires, c'est-à-dire des députés dont l'influence tend nécessairement à la conservation de l'état de servitude dans lequel vivent les travailleurs. Une lutte constante s'engage alors entre les diverses classes de la société, tandis que la liberté, débarrassée des entraves de l'État et vivifiée par un esprit volontaire de solidarité humaine, amènerait facilement les individus à une entente fraternelle.

*
* *

Telle est, en substance, l'opinion que les anarchistes se font de la démocratie, et de la société actuelle. Ils nient, comme on voit, et d'une façon péremptoire, la nécessité et même l'utilité de l'autorité. Pour les anarchistes, l'égalité des hommes *en droit*, dont la Révolution a consacré le principe, ne saurait devenir une égalité *de fait* tant que le principe d'autorité déchaînera une partie de la société contre l'autre partie, causant ainsi un état de guerre permanent.

En réalité, — je parle toujours le langage des anarchistes, — la Révolution nous a laissé, comme héritage certainement très précieux, l'égalité des hommes devant la loi. Mais qu'est-ce que la loi? Elle représente, dit-on, *la volonté collective*. Où est-elle cette volonté collective? Par quelle voie se manifeste-t-elle? Qui l'a interrogée? Qui avait le droit de l'interroger? Voilà autant de questions auxquelles il serait utile, peut-être, de répondre, avant d'affirmer que l'égalité des hommes devant ce qu'on appelle la loi équivaut à une égalité de fait, telle que les théoriciens de la démocratie paraissent vouloir nous l'assurer par leurs institutions politiques. La volonté collective, nous n'avons aujourd'hui qu'un moyen de l'interroger et de la connaître : le vote. Rien de plus imparfait que le mécanisme d'une élection ou d'un vote plébiscitaire, même dans un pays où le suffrage est aussi universel que possible. Rien de plus illégitime, d'autre part, que le droit de commandement conféré aux élus du suffrage universel, ou la qualité d'inviolabilité reconnue à un règlement issu du vote. Premièrement, cette manifestation de la soi-disant volonté collective est le résultat d'une convocation, d'une invitation lancée par une autorité existante, et qui commence par imposer d'abord ses règles et ses formes, espérant voir sanctionner ensuite ses idées et son pouvoir. Deuxièmement, même en admettant que les électeurs gardent intacte leur liberté de conscience et d'action, il est indéniable que la masse actuelle des électeurs ne représente qu'une faible partie des membres de la société, les femmes étant ordinairement exclues du droit de vote ou, en tout cas, là même où les femmes y sont admises, les lois constitutionnelles des États modernes en excluant uniformément les individus au-dessous d'un âge déterminé ou qui ont commis des actes réprouvés par une autorité imposée aux électeurs actuels et non pas émanant d'eux-mêmes.

Enfin, et même en admettant préalablement que la conscience des électeurs n'ait pas subi de pressions et que l'ensemble de ces électeurs représente effectivement ce qu'on appelle la volonté collective, nous nous trouvons tout de même en présence d'un phénomène qui est de nature à ébranler notre assurance à l'égard de la légitimité de l'autorité issue du vote. Dans la masse des électeurs, nous remarquons de suite deux différentes catégories d'individus : la catégorie des électeurs constituant la majorité et la catégorie des électeurs constituant la minorité. L'une est toute-puissante, l'autre est esclave. La loi, l'autorité, loin d'être ainsi les manifestations de la volonté de tous, ne représentent que les préférences du plus grand nombre, et la force reste encore la base exclusive de l'organisation politique.

*
* *

La majorité a des droits, la minorité n'a que des devoirs. Que devient, dans ce cas, l'égalité dont parle le droit révolutionnaire? Cependant l'inégalité de fait, qui résulte des applications démocratiques de l'égalité de droit que la Révolution nous a transmise, nous laisserait encore quelques espérances de rédemption si le privilège dont jouissent les majorités n'assumait pas fatalement des formes encore plus aiguës et plus violentes.

Ici, ce n'est plus seulement la logique qui

parle, c'est l'histoire elle-même. Le privilège des majorités, tout en étant issu d'un nombre considérable, tend, de plus en plus, à devenir le monopole d'un nombre restreint d'individus, la majorité étant obligée à déléguer à son tour ses propres privilèges. Une minorité organisée s'empare alors, comme il est dit plus haut, du pouvoir et s'en sert comme d'un instrument destiné à assurer son avantage particulier. Cette minorité prédominait déjà, avant le vote, dans la vie sociale; elle ne reçoit, par le vote, que la consécration légale de sa prédomination.

L'autorité revêt, dans ses mains, des formes extérieures que notre fétichisme démocratique rend à nos yeux lumineuses, mais dont l'éclat, en réalité, ne sert qu'à cacher les ténèbres de l'arrière-plan, où gît notre servitude. La superstition politique de la délégation du pouvoir ressemble de très près, comme disait Jules Simon, à un tour de gobelet métaphysique, à la suite duquel on décerne pompeusement la souveraineté au peuple et on la lui enlève presque aussitôt sous prétexte d'une transmission de pouvoir, à laquelle lui-même paraît consentir, mais qui le laissera plus nu et plus dépouillé qu'auparavant.

*
* *

L'autorité, quelque origine qu'elle puisse avoir, c'est la force, c'est la contrainte, c'est la violation systématique de la liberté. Aussi, partout où il y a société, y a-t-il lutte constante entre l'autorité et la liberté. On a cru un instant que la démocratie avait trouvé le moyen de faire signer un traité de paix temporaire à ces deux principes opposés. Comme, dans le domaine religieux, le symbole est censé amener l'entente entre l'homme et son Dieu, la loi, les règlements, les constitutions devraient produire la paix entre la liberté et l'autorité. Malheureusement il n'en a pas été ainsi; au contraire, affirment les anarchistes, jamais l'abîme qui sépare ces deux principes n'a été plus profond que dans les démocraties, car le poids de l'autorité est d'autant plus sensible que les hommes sont en voie d'acquérir la conscience de leur personnalité. Ils sont en mesure, maintenant, de connaître la valeur pratique et morale de la liberté.

L'homme soumis au commandement, quelles qu'en soient la nature et la portée, bonnes ou mauvaises, agit par obéissance, ce qui, dans la plupart des cas, signifie qu'il est la victime d'une crainte. L'homme libre et indépendant, au contraire, est poussé par ses tendances, ses vues, ses espérances. L'homme gouverné attend l'impulsion, d'où il suit qu'il ne devancera cette impulsion extérieure, ni ne la dépassera jamais, et il laissera sa propre force au repos toutes les fois qu'elle ne sera pas réclamée. L'homme libre, par contre, tend à l'action comme un liquide tend au niveau. Non seulement il exécute mieux, mais il cherche et il trouve. Qu'est-ce que la puissance collective d'un peuple, composée de forces continuellement dirigées et obéissantes? — La manifestation brutale de l'inconscience. Tandis que le pouvoir actif d'un peuple dont les unités simples qui le composent se sont développées au souffle véhément et généreux de la liberté, est le résultat d'une cohésion, d'une collaboration conscientes.

*
* *

En somme, l'autorité, qui devrait, assure-t-on, engendrer l'ordre, représente effectivement, suivant les anarchistes, l'essence même du désordre. Elle trouble la conscience individuelle qui, en présence de ses empiétements, se révolte ou s'affaisse. Dans les deux cas, le désordre est évident : car, si d'un côté la révolte nous détourne de l'exercice normal de nos activités, l'abaissement moral causé par la défaite nous interdit, d'autre part, toute activité ultérieure. Et comme il ne saurait y avoir de progrès véritable indépendamment de l'ordre, c'est-à-dire du libre essor des initiatives, du jeu spontané des lois évolutives, l'autorité est, en outre, l'ennemie déclarée du progrès.

L'état de progrès, en effet, peut être représenté par l'action que l'homme exerce sur le milieu où il vit. L'homme est esclave lorsque le milieu environnant est l'arbitre de ses actes; il est libre lorsque lui-même est l'arbitre de ce qui se produit dans son milieu. Ainsi se mesure le progrès. La science, les applications de la science, les découvertes, la critique philosophique ont réalisé d'autant plus de progrès qu'elles ont su affranchir la conscience humaine des préjugés, des superstitions, des craintes dont elle était auparavant encombrée. Que de lenteurs, à vrai dire, dans cette élaboration intime, que de peines à travers ces épreuves! Car l'influence du milieu sur l'homme est beaucoup plus considérable que celle qu'il peut avoir sur les autres organismes. Songeons seulement au climat. La flore, la faune, varient suivant la température des divers pays. Les tableaux sévères qu'offrent les rares végétations des régions froides diffèrent profondément des somptueux paysages que l'on admire dans les contrées qu'éclaire la lumière du soleil tropical. En Afrique, les animaux sont agiles, vifs, recouverts de robes dont la diaprure charmante ravit l'œil du naturaliste; en Sibérie, par contre, les pelages des animaux sont épais, aux couleurs unies et sombres, et les mouvements des animaux eux-mêmes sont lourds, malaisés. L'homme, au contraire, est partout le même. Il n'a que sa peau fine et délicate pour se défendre à la fois des chaleurs équatoriales et des frimas des pôles. Il dispose des mêmes membres, ayant constamment la même forme, pour traverser les luxuriantes forêts et pour glisser sur les immenses étendues des glaces éternelles. L'homme doit, par conséquent, lutter contre des difficultés extérieures infiniment plus grandes que tous les autres êtres vivants qui peuplent ce monde, et son œuvre d'adaptation au milieu dans lequel il vit a dû être beaucoup plus laborieuse. Aussi sa lutte se poursuivra-t-elle, hélas! sans cesse, pendant les jours sans nombre à venir....

Haec atque illa dies, atque alia, atque alia.

*
* *

En présence de tant de difficultés extérieures, les anarchistes se demandent comment l'homme pourra réaliser les progrès dont il se sent capable et que réclame sa nature éminemment investigatrice, donner cours à ses activités multiformes, si des difficultés d'ordre intérieur, émanant de lui-même, viennent se greffer sur les premières et entraver ses mouvements?

Parmi les esclavages qui pèsent sur l'homme, il y en a un qui, d'après les anarchistes, présente un danger plus grave que tout autre et d'autant plus redoutable qu'il a, jusqu'à présent, défié toutes les révolutions et résisté à toutes les attaques : l'esclavage du principe d'autorité. C'est contre l'idée qu'un homme ait le droit d'exercer une autorité quelconque sur un autre homme que les anarchistes s'élèvent. Ils apportent, ou prétendent apporter, dans la vie politique et dans les rapports sociaux les mêmes conceptions positives que la science a apportées dans la vie intellectuelle. Comme, dans le domaine scientifique, la seule autorité admissible est celle qui émane de l'observation, ainsi dans la vie sociale, disent les anarchistes, la seule autorité admissible est celle qui émane de la volonté ; et comme, dans la science, rien n'arrête la marche ascendante du savoir, dans la vie sociale rien ne doit arrêter l'essor libre de la volonté individuelle.

L'État, par conséquent, qui est l'emblème d'une autorité imposée aux individus et non pas librement reconnue par eux, doit disparaître. Les entraves dont il nous charge empêchent l'épanouissement de nos facultés personnelles ; il nous maintient, en politique, dans une situation analogue à celle que la doctrine de l'infaillibilité théologique a créée en philosophie.

Il nous impose une foi passive dans ses lois, ses règlements, sa justice et ses justiciers ; une foi qui n'admet pas de réplique, une sorte de *fides ex auditu*, comme disent les scolastiques.

Les anarchistes s'insurgent contre l'autorité, principe de violence et d'immobilité, au nom de la liberté, principe de scission, d'invention et de progrès.

L'autorité a sévi sur l'humanité jusqu'à présent, parce qu'elle a eu pour complices la faiblesse et la paresse de l'esprit humain, prêt souvent à s'endormir sur l'oreiller de la croyance, à se soustraire à la responsabilité de la recherche et de l'initiative. Mais la conscience humaine, malgré ses chaînes, s'est réveillée et demande sa délivrance. Une hétérogénéité croissante prend peu à peu la place de l'homogénéité sociale des temps passés : les hommes s'individuent, savent se gouverner eux-mêmes. Pourquoi donc persisteraient-ils à se laisser gouverner par d'autres hommes?

*
* *

Cependant la conception anarchiste de la vie sociale n'a nullement pour base, comme on pourrait facilement le croire, et comme, d'ailleurs, beaucoup de monde le croit encore, un hypothétique *état de nature* semblable à celui dont parlent Hobbes, Spinoza, Rousseau et tous les philosophes du XVIIIe siècle. Les anarchistes ne veulent pas détruire la société, car la société est l'émanation spontanée de la nature humaine. Ils savent qu'elle est à la fois le plus impérieux besoin de l'homme, de ses facultés morales aussi bien que de son organisation physique, et un fait primitif, antérieur à toute convention ou à toute usurpation de la force, contemporain de la naissance même du genre humain. L'homme isolé n'a jamais existé, si bien qu'on ne saurait attribuer à l'homme une existence véritablement humaine qu'à partir du moment où l'évolution des espèces s'est accomplie sur un certain nombre d'individus vivant sur le même territoire. Les anarchistes contestent seulement la nécessité de cet organisme parasitaire qu'on appelle l'État et qui s'est juxtaposé par la violence, disent-ils, aux individus constituant la société. En effet, les anarchistes contestent que l'État ait une autre origine que celle de la violence. Ils ne voient dans l'État ni le pouvoir paternel de Spinoza, ni l'association contractuelle de Rousseau ; ils découvrent plutôt en lui le représentant du droit du plus fort invoqué par Hobbes. Comment pouvons-nous croire, demandent-ils, à l'existence d'un contrat social dont l'autorité de l'État serait la conséquence? Si un pareil contrat existait réellement, à quoi serviraient donc les mesures de contrainte et les lois pénales dont aucun État n'a jamais trouvé le secret de se passer? Supposant même, d'autre part, qu'un tel contrat pût s'établir, il n'obligerait que ceux qui y sont entrés volontairement, que ceux qui l'ont sciemment et librement accepté. Rousseau lui-même, ne se dissimulant pas cette difficulté fondamentale, soutient avec raison qu'un homme n'a pas le droit de disposer de sa postérité.

Ainsi, de l'aveu du père de la démocratie lui-même, l'État devrait être remis en question à chaque nouvelle génération : d'où il résulte donc, suivant les anarchistes, que l'État, étendant son autorité au delà des limites strictement contractuelles, — en admettant comme hypothèse qu'un contrat ait été signé, — repose sur l'arbitraire et sur l'usurpation.

*
* *

Les anarchistes se trouvent tous d'accord sur le point capital de contester la nécessité sociale de l'autorité. Leurs doctrines supposent, naturellement, l'existence d'une société dont les membres posséderaient la force de régler leurs actes de façon à éviter tout conflit avec leurs semblables. Certains anarchistes affirment que les individus devraient puiser cette force dans la loi éternelle du bonheur individuel, d'autres préfèrent lui donner comme fondement le devoir d'assurer le bonheur de tous; suivant les uns, cette force consisterait dans l'obligation toute volontaire de respecter les droits de chacun; suivant d'autres, enfin, elle résiderait dans la renonciation, dans le dévouement spontané des individus. Il est extrêmement difficile, à mon sens, de préciser dans leurs détails les programmes pratiques des différentes doctrines anarchistes.

Tout ce qu'on peut dire d'elles, c'est qu'elles

comptent toutes également sur la suppression de l'Etat comme sur une condition première pour l'avènement d'une vie sociale meilleure. Les phénomènes économiques et sociaux issus de l'organisation actuelle de la société semblent ne préoccuper les anarchistes que d'une manière secondaire. On chercherait, en vain, dans les ouvrages des écrivains anarchistes des aperçus positifs sur ce que devrait être, dans ses détails, la société, lorsque le régime de contrainte actuel aura été renversé ; et, à vrai dire, ce serait trop demander aux anarchistes que de prétendre qu'ils nous présentent un type d'organisation, eux, les ennemis déclarés de l'organisation préétablie et autoritaire.

Puisque tout le mal dont nous souffrons de nos jours vient du manque de liberté, c'est à la liberté seule qu'il appartiendra de nous donner le remède. Leurs vues paraissent, par conséquent, essentiellement négatives : mais il ne faut pas oublier, cependant, que la négation, en ce cas, ne s'applique qu'à un principe foncièrement négatif, c'est-à-dire le principe d'autorité, qui repose entièrement sur ce préjugé, jusqu'à présent universellement accepté, que les hommes abandonnés à eux-mêmes ne savent pas se conduire d'une manière conforme à l'intérêt social et, partant, à leur propre intérêt.

M. Benjamain R. Tucker, dont les doctrines sont exposées dans les pages qui suivent, est à peu près le seul théoricien de l'anarchisme qui ait osé aborder pratiquement et méthodiquement, une par une, les différentes questions qui intéressent notre époque. Quant aux autres, dont les travaux sont généralement connus, je trouve inutile d'en analyser les idées; il m'a suffi d'avoir indiqué le fond de ces idées, qui se résume, je le répète, dans la négation absolue du principe d'autorité. Chacun interprète à sa façon les suites de la chute de l'État; chacun, d'autre part, possède son secret à lui pour y parvenir, et les moyens sont tantôt violents, tantôt pacifiques, tantôt ils consistent dans la résistance passive, tantôt dans la révolte ouvertement déclarée.

Le sociologue, malheureusement, n'a pas la possibilité de contrôler la vérité ou même la vraisemblance des doctrines anarchistes, l'histoire ne nous ayant jamais parlé que de maîtres et d'esclaves, de souverains et de sujets, de gouvernants et de gouvernés. Mais, en attendant l'instant où ces doctrines seront mises à l'épreuve, rien ne saurait l'empêcher d'admirer la foi profonde qu'ont les anarchistes dans la perfectibilité de la nature humaine, qui devrait nous donner un jour, suivant eux, la formule de l'égalité véritable. Sous ce rapport, leurs idées assument un caractère positif indéniable ; car les conquêtes les plus lumineuses de l'homme ont toutes été le produit naturel de la liberté ; leur utilité sociale, leur pouvoir civilisateur se mesurent au degré d'indépendance de leurs auteurs vis-à-vis du milieu où ils vivaient, et souvent de rébellion contre ce milieu, dont leurs auteurs ont fait preuve. Le progrès n'aurait donc rien à craindre de la suppression de l'autorité et de la chute de l'État. Et s'il est vrai, comme il me semble indubitable, que tout progrès suppose la négation du point de départ, l'humanité n'aurait pas non plus à redouter les négations de l'anarchie. En tout cas, il me paraîtrait désolant que la société moderne dût tout attendre des institutions démocratiques et du parlementarisme. Les horizons humains n'ont pas de bornes, si bien que l'histoire nous enseigne que les conceptions les plus avancées n'ont été, jusqu'ici, que des étapes, des points de repère.

Aussi ne nous effrayons-nous pas d'entendre le poète nous répéter aujourd'hui ce qu'il disait à l'homme s'arrêtant émerveillé sur le seuil du XIXe siècle :

Regarde vers le ciel et vois comme il se dore :
J'ai mis sur l'horizon du siècle nouveau-né
Des splendeurs de couchant et des lueurs d'aurore.

CHAPITRE I

Les causes et les formes de l'action révolutionnaire aux États-Unis.

Caractère de la démocratie américaine. — Elle n'a pas su empêcher la formation des monopoles. — Pouvoir écrasant de la ploutocratie aux États-Unis. — Le mouvement de révolte du peuple américain contre les monopoles. — Trois manifestations distinctes de ce mouvement. — Le socialisme militant. — Le mysticisme social. — Les sociétés communistes. — *Brotherhood of the cooperative commonwealth*. — Le mouvement anarchiste. — Les anarchistes intellectuels. — Les anarchistes insurrectionnels.

L'accusation la plus formelle que les anarchistes adressent à l'autorité politique, sous quelque forme qu'elle se manifeste, est, comme je l'ai dit précédemment, celle de favoriser la formation des monopoles et des privilèges, d'empêcher, par conséquent, l'établissement d'une véritable égalité de fait entre les individus. Cette accusation leur paraît d'autant plus légitime que la démocratie, quoique fondée en apparence sur l'idée d'égalité, n'a pas su tenir ses promesses : car, relevant, comme tout autre régime, du principe d'autorité, elle contient en elle-même, affirment-ils, le germe de sa propre stérilité sociale.

Il importe de se rendre un compte exact de la valeur de la critique anarchiste en examinant, avant tout, la portée pratique des conquêtes sociales de la démocratie. Dans ce but, nul champ d'observation n'est plus approprié que les États-Unis de l'Amérique du Nord, le pays démocratique par excellence.

La démocratie américaine a ceci de caractéristique qu'elle se présente à l'observateur dans un état pur, sans aucun alliage extérieur, exempte par nature de toute adultération provenant d'un héritage d'ancien régime. Les castes existant dans les pays européens avant la Révolution, sont demeurées inconnues à la société américaine. Point de féodalité en Amérique, point de servage. L'esclavage des nègres, aboli en 1865, loin d'être une forme essentielle de la vie sociale, n'apparaît que comme un phénomène transitoire et étranger presque à l'organisation politique et économique. La société américaine est née démocratique et n'a eu aucun effort à accomplir pour rester telle, aucune survivance seigneuriale à abolir, aucune lutte défensive à entreprendre contre des institutions ou des traditions séculaires. Tel est l'avantage indéniable de la démocratie américaine sur les démocraties européennes, greffées, plus ou moins, sur des sociétés à base de privilèges de caste.

Nous avons beau, nous autres Européens, nous croire affranchis des vieilles institutions, ces institutions jouent toujours un rôle considérable, sinon prépondérant. La noblesse, le clergé, l'armée, les trois castes classiques de l'ancien régime, gardent, à peu de différence près, leur situation privilégiée d'autrefois; et cela, non seulement dans les pays monarchiques, où elles constituent le soutien naturel de la majesté royale ou impériale, mais même dans les pays à régime républicain. A vrai dire, les formes extérieures des gouvernements ne présagent pas plus de la nature particulière de ces derniers que le costume n'indique aujourd'hui la qualité de ceux qui le portent. Aussi, un gouvernement républicain marche-t-il souvent dans les ornières d'un gouvernement monarchique, et il suffit d'un président se donnant des allures aristocratiques pour que les anciennes castes regagnent facilement une influence qu'elles essayent, en général, de masquer par des dehors de soumission à la loi commune.

Aux États-Unis, ni la noblesse, ni le clergé, ni l'armée n'ont eu dans le passé aucun rôle social à jouer. La noblesse n'a jamais existé; le clergé n'a aucun droit spécial à faire valoir, relevant de l'individu et non de l'autorité; l'armée n'a jamais été autre chose qu'un instrument docile aux mains de l'État. Cependant, malgré la pureté absolue de la démocratie américaine, on ne saurait affirmer qu'elle a pu empêcher les privilèges de s'établir et de prospérer. Il serait oiseux, à mon sens, de refaire ici, pour la millième fois, le procès des institutions démocratiques de l'Amérique du Nord. Je me bornerai à de simples constatations de fait empruntées à la statistique, non pas en vue de prononcer des condamnations, mais dans le seul but d'expliquer, autant que possible, le mouvement de révolte qui se manifeste de plus en plus dans les rangs des travailleurs américains contre le fonctionnement de la vie politique de leur pays.

Le poète et philosophe anglais Pope définissait ainsi le parti politique : *The madness of the many for the gain of the few*, « la folie du grand nombre au profit de quelques-uns ». Cette définition a reçu aux États-Unis l'application la plus humiliante. C'est grâce à l'organisation des partis que le mot de ploutocratie y a pris une signification nette et précise. Dans nul pays le pouvoir de la richesse, le « money power », n'est aussi sensible qu'aux

Etats-Unis. Le peuple américain est victime d'une oppression indéniable, exercée par les riches sur les pauvres, par les parvenus sur les travailleurs. La concentration de grandes fortunes dans un nombre restreint de mains, qui est un des phénomènes de la vie économique des États-Unis, constitue une source de démoralisation permanente dans la société. On sait combien a été rapide et énorme, depuis la guerre civile, la concentration des capitaux aux États-Unis.

D'après une publication autorisée, le *Moody's Manual of corporation securities* pour 1902, on a calculé à 850 le nombre des trusts existant à la fin de 1902 avec un capital global de 9 milliards 425 millions de dollars : cela pour l'industrie proprement dite. Car, en y comprenant les corporations qui exploitent les chemins de fer, le capital global se montait à environ 15 milliards de dollars. Le capital moyen de chaque corporation industrielle s'élevait par conséquent, à plus de 11 millions de dollars. D'autre part, les propriétaires ou associés des 850 trusts sus-indiqués étaient au nombre de 330 457 et ils auraient ainsi possédé, en moyenne, un capital de 28 590 dollars. Malheureusement, plus de 6 milliards de dollars se trouvaient concentrés aux mains de 400 personnes, tandis que les autres n'avaient plus à partager que trois milliards : ce qui donnait, d'une part, un capital moyen de 15 millions de dollars pour 400 actionnaires et, de l'autre côté, un petit pécule de 9 000 dollars pour chacun des 330 000 actionnaires qui restaient.

Même en admettant que la valeur nominale des actions et des obligations des *trusts* doive être acceptée sous toute réserve, il résulte de ces chiffres qu'un petit nombre d'individus monopolise une partie considérable de la richesse du pays. Le journal *New-York Tribune* dressait, en octobre 1897, une liste de 4 047 millionnaires américains, industriels ou agriculteurs, possédant en tout plus de 12 milliards de dollars, soit, en moyenne, environ 15 millions de francs chacun, et, ensemble, un cinquième de la richesse totale du pays.

Les États-Unis sont un pays à la fois industriel et agricole. Cependant, quoique l'agriculture y conserve toujours un grand rôle, on peut affirmer, néanmoins, aujourd'hui, que l'industrie tend de plus en plus à occuper une place prépondérante. En fait, le commerce extérieur de l'Union a augmenté, depuis vingt ans, de 34 p. 100 pour les produits agricoles et de 250 p. 100 pour les produits manufacturés. Bien que cela soit dû, en grande partie, au développement même de l'industrie américaine qui absorbe, de nos jours, plus de matières premières indigènes qu'elle n'en absorbait il y a vingt ans, il est indéniable que la grande industrie américaine dépasse actuellement, en importance, l'agriculture.

Depuis 1860, notamment, l'essor industriel des États-Unis a été inouï. On peut aisément s'en apercevoir en examinant un court tableau qui est contenu dans le rapport général du *Census* de 1900[1] :

STATISTIQUE GÉNÉRALE DE L'INDUSTRIE AMÉRICAINE EN 1860, 1880, 1890 ET 1900

	1860	1880	1890	1900
Nombre des établissements	140 433	253 852	355 415	512 339
Capital	1 010	2 790	6 525	9 835
Employés payés à l'année	»	»	461 009	397 174
Traitements des dits employés	»	»	392	404
Nombre moyen des ouvriers	1 311 246	2 732 595	4 251 613	5 316 598
Total des salaires	379	948	1 891	2 323
Nombre des ouvriers adultes	1 040 349	2 019 035	3 327 042	4 116 610
Salaires	»	»	1 659	2 021
Nombre des ouvrières adultes	270 897	531 639	803 686	1 031 609

1. J'emprunte ces chiffres au *Report for manufacturing industries*, qui fait partie du *Census* de 1900. Je me sers également, ici et ailleurs, des belles études sur le *Census* de 1900, qu'a publiées M. Pierre Leroy-Beaulieu dans l'*Économiste français*, année 1903.

	1860	1880	1890	1900
Salaires................	»	»	215	282
Nombre des enfants (moins de seize ans)...	»	»	120 885	168 583
Salaires................	»	»	17	26
Dépenses diverses......	»	»	631	1 028
Valeur des matériaux employés	1 032	3 397	5 162	7 348
Valeur des produits, y compris les réparations et travaux à façon....	1 886	5 370	9 372	13 019

(Toutes les valeurs sont en millions de dollars, le dollar valant 5 fr. 18 c.)

Me bornant à établir une comparaison entre les deux années 1890 et 1900, j'en arrive aux constatations suivantes :

Nombre des salariés en 1890...............	4 251 613
— — en 1900...............	5 316 598
Augmentation : 25,2 p. 100............	1 064 985

Montant des salaires en 1890...	1 891 228 321 dollars
— — 1900...	2 323 407 257 —
Augmentation : 22,7 p. 100.	432 178 936 dollars

Salaire moyen en 1890..................	448 dollars
— — en 1900..................	437 —
Diminution : 2,5 p. 100..............	11 dollars

Voici, d'autre part, pour la valeur des produits :

Valeur globale des produits industriels en 1890............	9 372 837 283 dollars
Valeur globale des produits industriels en 1900............	13 019 251 614 —
Augmentation : 39 p. 100......	3 646 414 331 dollars

Toute cette énorme augmentation dans la valeur des produits est donc allée accroître la part du capital; si bien que la part faite au capital et celle faite au travail dans la répartition du produit net, c'est-à-dire de la valeur du produit diminuée du coût des matières premières et des frais généraux, peuvent être établies de la façon suivante :

1890

		Dollars.
Valeurs des produits industriels............		9 372 437 283
Moins :		
Coût des matières premières .	5 162 044 076	
Frais généraux, y compris l'intérêt du capital et l'amortissement des machines.......	631 225 035	
		5 793 269 111
Produit net........................		3 579 168 172
Montant des salaires : 52,7 p. 100..........		1 891 228 321
Bénéfice net réalisé par le capital : 47,3 p. 100.		1 687 939 851

1900

		Dollars.
Valeurs des produits industriels...........		13 019 251 614
Moins :		
Coût des matières premières..	7 349 916 030	
Frais généraux, y compris l'intérêt du capital et l'amortissement des machines	1 028 558 653	
		8 378 474 683
Produit net..........................		4 640 776 931
Montant des salaires : 50,2 p. 100...........		2 323 407 257
Bénéfice net réalisé par le capital : 49,8 p. 100.		2 317 369 674

On retrouve ainsi la diminution de 2,5 p. 100 dans la part faite au travail, que l'on a pu constater plus haut, en comparant les taux moyens des salaires aux deux mêmes époques. Les années 1901 et 1902 ne marquent guère un progrès dans la répartition des produits. Au contraire, on peut affirmer que le fléchissement du montant des salaires continue, si l'on met ce dernier en regard de l'accroissement continuel des bénéfices réalisés par les chefs d'industrie.

Mais le phénomène apparaîtra encore plus sensible si l'on rappelle le fait du relèvement graduel du coût de la vie aux États-Unis. D'après les Bulletins publiés par le *Department of labor*, le pouvoir d'achat d'un dollar était plus élevé en 1890 qu'en 1902. En 1890, on pouvait acheter, avec un dollar, une plus grande quantité de bœuf, de jambon, de *corned-beef*, de légumes, de fromage, d'œufs, de sel, de poivre, de thé, de charbon, de pétrole, de meubles et de verrerie qu'en 1902. L'augmentation du coût de la vie a été admise, en outre, par M. Carroll D. Wright, *Commissioner of labor*, dans son rapport au président Roosevelt sur la grève des mineurs de Pensylvanie, publié en septembre 1902. Depuis le mois de juillet 1897 jusqu'au mois de juillet 1902, les prix des objets nécessaires à l'existence, aux États-Unis, ont augmenté, suivant les *index-figures* donnés par la *Dun's Review*, d'environ

27 p. 100. Le *Wall street journal* a également constaté une augmentation de 36 p. 100 dans les mêmes prix, depuis le mois de janvier 1896 jusqu'au mois de janvier 1903.

En réalité, la valeur des produits industriels a subi partout un relèvement considérable, qui varie de 16,6 p. 100 dans le Massachusetts, jusqu'à 109,6 p. 100 dans la Floride.

Mon but n'est pas de rechercher la preuve matérielle de prétendues tendances fatales de l'industrialisme moderne. Je vise simplement à établir les raisons qui rendent suspectes, de nos jours, les institutions démocratiques des États-Unis. Elles le paraissent d'autant plus, aux yeux d'un grand nombre de travailleurs américains, que la croissante prospérité des capitalistes et la concentration des richesses économiques paraissent dues surtout à l'action complaisante des pouvoirs publics. Les fortunes colossales des quelques milliers de privilégiés qui exploitent le travail de la masse n'ont pas été et n'auraient pas pu être bâties à la seule faveur du libre jeu des forces naturelles. Depuis les franchises municipales jusqu'aux tarifs douaniers ultra-protectionnistes, les autorités publiques ont livré à quelques-uns ce qui appartenait à tous. L'État a été envahi par l'argent. Les *trusts* ont acheté en gros et en détail, et les lois, et la protection douanière, et des faveurs de toute sorte. Rien ne saurait résister, aux États-Unis, à une bourse bien garnie. Les partis politiques ne sont pas formés sur des questions d'intérêt général, mais plutôt sur des questions d'intérêt particulier. C'est, plus ou moins, le vice de toutes les démocraties; cependant, il est, aux États-Unis, plus flagrant que partout ailleurs.

Nous pouvons en avoir une preuve indiscutable, en constatant le caractère éminemment artificiel du protectionnisme américain. Ce protectionnisme a cessé, depuis longtemps, d'être une mesure défensive proprement dite de la production indigène; il est devenu, par contre, une arme d'oppression dans les mains des capitalistes qui, grâce à lui, imposent aux acheteurs de l'intérieur des prix de monopole, toujours plus élevés que ceux qu'ils pratiquent auprès des acheteurs étrangers. Quoiqu'il soit extrêmement difficile de se procurer des données exactes concernant les différences de prix grevant ainsi le consommateur américain, le comité du parti démocratique du Congrès de Washington a pu néanmoins obtenir des indications éloquentes. J'emprunte les constatations faites à l'*American free trade Almanach*, publié par l'*American free trade league* de Boston, qui contient le tableau suivant :

	Quantité servant d'unité	Prix d'exportation	Prix aux États-Unis	Différence pour 100
	—	— Dollars	— Dollars	—
Générateurs pour gaz acétylène :				
Colt, 10 light	pièce	40,00	55,00	37
Capsules de munition :				
BB round	1.000	1,03	1,49	43
Central fire, 32 long, Colt's	1.000	6,48	9,00	40
Rim fire, 22 long	1.000	2,16	3,00	39
Primed shells, 22 short	1.000	0,72	1,53	112
Borax : Indigène	livre	0,025	0,0775	210
Carbonates : en bloc	tonne	55,00	70,00	27
Harnachements :				
« Trojan » loop, 1 1/8 in	grosse	2,40	3,23	35
« Derby » loop, 1 in		1,68	2,24	36
« Yankee » roller, 1 1/2 in, XC breast strap		1,00	1,37	37
Plomb : Pfg	100 livres	2-2,50	3,975	58-98
Couperets de bouchers :				
Enterprise, No. 5	pièce	0,75	1,04	39
Enterprise, No. 10	pièce	1,14	1,56	37
Enterprise, No. 22	pièce	1,51	2,08	38
Enterprise, No. 32	pièce	2,25	3,12	38
Clous : Prix normal	100 livres	1,30	2,05	58
Pianos : Bradbury	pièce	300.00	375,00	25
Cartes à jouer : U. S. Playing Card Co. Bicycle	grosse	12,35	25,65	108
Poudre à canon : Duck in canister, lb	livre	0,375	0,45	20
Duck, in 25-lb. kegs	livre	0,246	0,32	30
Indian rifle, in 25-lb. kegs, FFFg. etc	livre	0,116	0,16	37
Smokeless, in 25-lb. kegs	livre	0,378	0,48	27

	Quantité servant d'unité	Prix d'exportation	Prix aux États-Unis	Pour 100 d'écart
	—	—	—	—
		dollars	dollars	
Tuyaux de fonte : 10 inch	douzaine	1,18	1.50	27
12 inch	douzaine	1,28	1,60	25
14 inch	douzaine	1,39	1,75	26
16 inch	douzaine	1,50	1,85	23
Fer battu : BB, in cases	livre	2 3/4-3 3/8	3 1/2-4	25
Scies : — Band : 2 1/2 in. gauge 18	pied	0,21	0,34	62
10 in. gauge 18	pied	1,25	1,54	23
Hand : N° 12, 24 in.	douzaine	14,82	18,04	22
N° 16, 24 in.	douzaine	11,97	14,57	22
N° 107, 24 in.	douzaine	10,83	12,30	13
Machines à coudre : N° 1	pièce	13,25	20,00	59
N° 4 or 9	pièce	17,48	25,00	43
Pelles : Barter, socket strap	douzaine	5,83-6,52	7.50-8,41	29
Rowland, plain back	douzaine	5,12-5,83	6,75-7,00	29
Plaquettes d'étain	100 livres	3,19	4,19	31
Machines à écrire	pièce	55-65	100.00	54-82
Fil métallique, *barbed* : Galvanisé	100 livres	2,25	2,90	29
Verni	100 livres	1,86	2,60	40
Fil métallique pointu : Galvanisé	100 livres	1,375	2,00	45
Gauge 4-9	100 livres	1,54	2,70	75
Gauge 10-11	100 livres	1,62	2,97	83
Gauge 12	100 livres	1,76	3.10	76
Gauge 13-14	100 livres	1,81	3,37	85
Gauge 15-16	100 livres	2,08	3,78	81
Gauge 17	100 livres	2,46	4,05	65
Gauge 18	100 livres	2,63	4,32	64
Corde métallique : Galvanisée, 2 1/4 in. cir.	100 pieds	3,12	9,70	211
1 inch cir.	100 pieds	0,72	2,60	261

Ainsi, grâce aux tarifs de douane complaisamment octroyés par l'État, la concentration capitaliste s'exerce surtout à dépouiller les consommateurs indigènes.

Mais la concentration graduelle de la richesse se manifeste aussi dans l'agriculture. Le nombre des fermiers (*cash tenants*) et des métayers ou colons partiaires (*share tenants*) tend à augmenter au détriment des propriétaires exploitants (*owners*), ainsi qu'il ressort des chiffres ci-après :

RÉPARTITION DES EXPLOITATIONS SUIVANT LE MODE DE TENURE DU SOL EN 1880, 1890 ET 1900.

				PROPORTION P. 100 DU TOTAL		
	Faire-valoir.	Fermage.	Métayage.	F.-V.	Ferm.	Mét.
	—	—	—	—	—	—
1880.	2 984 306	322 357	702 244	74,5	8	17,5
1890.	3 269 728	454 659	840 254	71,6	10	18,4
1900.	3 713 371	752 920	1 272 366	64,7	13,1	22,2

En effet, on peut, d'après les Bulletins concernant l'agriculture américaine, annexés au *Census* de 1900, dresser le tableau suivant de la marche progressive du fermage et du métayage :

ACCROISSEMENT DU FERMAGE ET DU MÉTAYAGE

États et Territoires.	Pourcentage des propriétés exploitées sous la forme de fermage ou de métayage.		
	1880	1890	1900
1. Alabama	46,8	48,6	57,7
2. Arizona	13,2	7,9	8,4 / 11,9
3. Arkansas	30,9	32,1	45,4
4. California	19,8	17,8	23,1
5. Colorado	13,0	11,3	22,6
6. Connecticut	10,2	11,5	12,9
7. Delaware	42,4	46,9	50,3
8. District of Columbia	38,2	36,7	43,1
9. Florida	30,9	23,6	26,5
10. Georgia	44,9	53,5	59,9
11. Idaho	4,7	4,6	8,7
12. Illinois	21,4	24,0	29,3
13. Indiana	23,7	25,4	28,6
14. Iowa	23,8	28,1	34,9
15. Kansas	16,3	28,2	33,2
16. Kentucky	26,4	24,0	32,8
17. Louisiana	35,2	44,4	58,0
18. Maine	4,3	5,4	4,7
19. Maryland	31,0	31,0	33,6
20. Massachusetts	8,2	9,3	9,6
21. Michigan	10,0	14,0	15,9
22. Minnesota	9,2	12,9	17,3
23. Mississipi	43,8	52,8	62,4
24. Missouri	27,3	26,8	30,5
25. Montana	5,3	4,8	9,2
26. Nebraska	18,0	24,7	36,9
27. Nevada	9,7	7,5	11,4
28. New Hampshire	8,1	8,0	7,5
29. New Jersey	24,6	27,2	36,9
30. New Mexico	8,1	4,5	9,4
31. New York	16,5	20,2	23,9

	1880	1890	1900
	—	—	—
32. North Carolina..	33,5	34,1	41,4
33. North Dakota............	3,9	6,9	8,5
34. Ohio................ ...	19,3	22,9	27,5
35. Oklahoma.		0,7	21,0
36. Oregon........	14,1	12,5	17,8
37. Pennsylvania............	21,2	23,3	26,0
38. Rhode Island,.	19,9	18,7	20,1
39. South Carolina	50,3	55,3	61,0
40. South Dakota.......... .	3,9	13,2	21,8
41. Tennessee...............	34,5	30,8	40,5
42. Texas......	37,6	41,9	49,7
43. Utah....................	4,6	5,2	8,8
44. Vermont................	13,4	14,6	14,5
45. Virginia	29,5	26,9	30,7
46. Washington.............	7,2	8,5	14,4
47. West Virginia.....	19,1	17,8	21,8
48. Wisconsin	9,1	11,4	13,5
49. Wyoming...	2,8	4,2	7,6

On dira peut-être — et les rédacteurs du *Census* l'affirment, en effet — que l'augmentation des exploitations à fermage ou métayage n'est pas un symptôme fâcheux, au point de vue de la répartition des richesses, car elle relève des besoins de la culture. Quoiqu'il en soit, il résulte de ces chiffres que nombre d'anciens propriétaires ont cessé de l'être au profit d'autres propriétaires plus fortunés.

Au cours de l'année 1902, les sentiments d'aversion du public contre les grandes combinaisons financières se sont manifestés d'autant plus ouvertement, que le premier était alors entretenu dans un état d'excitation continuelle par la grève des mineurs de Pennsylvanie, dont on attribuait l'origine à l'outrecuidance des patrons; et en raison aussi des menées du *Beef-trust*, ou trust de la viande, visant à produire un renchérissement de la nourriture du peuple.

En ce qui concerne les agissements du *Beef trust*, la hausse des articles de première nécessité a effectivement eu lieu. Voici les données comparatives relevées par le *Commercial advertiser*[1] de New-York et se référant au marché de New-York :

	PRIX COURANT		
ARTICLES	15 août 1901	15 août 1902	15 septembre 1902
Porc (la livre).......	9 cents	15 cents	17 cents
Corned beef (la livre).	16 —	20 —	26 —
Beurre (la livre)	22 —	28 —	31 —
Œufs (la douzaine) ..	16 —	28 —	30 —

La situation de la petite bourgeoisie et de la classe ouvrière devenait alarmante, d'autant plus que les prix courants des autres articles, également de première nécessité, suivaient, par une loi de sympathie économique bien caractéristique, la même marche ascendante. Voici l'augmentation

1. Août-septembre 1902.

relevée entre 1897 et 1902 par le *Bureau of labor and statistic* de l'État de Massachusetts :

Chauffage....	9,78	p. 100
Loyer............................	52,43	—
Vêtement.........................	16,07	—
Produits alimentaires en général.....	11,16	—

Les restaurants de New-York surélevaient leurs prix; un grand restaurant à prix fixe de la vingt-deuxième rue, à côté de la sixième avenue, fréquenté par des ouvriers et des employés de magasin, portait de but en blanc son forfait de 25 cents à 35 cents. Les bouchers de New-York tenaient des réunions où ils élaboraient le projet de fonder un grand abattoir coopératif dans le but d'échapper aux prétentions du *Beef trust*. Malheureusement, ils se heurtèrent à la discipline sévère des huit compagnies formant cette combinaison, d'après laquelle pas une seule tête de bétail ne pouvait être expédiée aux bouchers sans passer par le *Beef trust*. Tous les journaux de l'Union, excepté les organes des grandes entreprises financières, dénonçaient au pays les excès de pouvoir commis par les *trusts*. L'*Evening Journal*, entre autres, publiait un dessin fort goûté par le public américain. Une main osseuse portant sur le poignet la marque du dollar et les mots : *Starvation trust*, « le *trust* de la faim », étreignait terriblement l'oncle

Sam dont la figure montrait des traces visibles de suffocation. En bas, se trouvait la légende suivante : *This would happen if trusts run on indefinitely without control.* « Voilà ce qui arriverait si les *trusts* devaient suivre leur chemin indéfiniment sans être soumis à aucun contrôle ». Un autre jour, la même feuille donnait un nouveau dessin qui eut également un succès considérable. Devant un tableau représentant une tribu gauloise de retour d'une expédition de pillages et de meurtres, et traînant derrière elle des prisonniers enchaînés, se tient un homme chauve, dont les traits dénotent l'avidité indomptable et l'implacable dureté de cœur. Il est assis sur un fauteuil au milieu de monceaux de monnaies. La légende de ce dessin était ainsi conçue : *Trust baron : Their methods were primitive, but they understood the first principles of the game.* « Le directeur de *trust* : Leurs méthodes étaient primitives, mais ils possédaient déjà les premiers principes du jeu ».

Les autres journaux publiaient, à leur tour, de nombreuses caricatures, plus ou moins spirituelles, mais toutes visant à démasquer les agissements des *trusts*.

La grève de Pennsylvanie achevait, d'autre part, de mettre en lumière les procédés des patrons et à l'égard des ouvriers, et à l'égard de la grande masse du peuple américain. Cependant que 150 000 ouvriers grévistes, tombés dans la misère la plus affreuse, avec leurs femmes et leurs enfants, demandaient à soumettre au jugement d'un arbitre leurs demandes, fondées sur l'impossibilité où ils se trouvaient, avec leurs salaires actuels, de vivre d'une façon conforme à la dignité d'un citoyen américain, « *in a manner conformable to established american standard and consistent with american citizenship* » [1], M. Pierpont J. Morgan et les autres chefs du *Coal railroad trust* ne voulaient pas entendre parler d'arbitrage. Ils comptaient, évidemment, sur l'augmentation énorme du prix de l'anthracite, qui, de 3 dollars et demi la tonne, était effectivement monté à 23 dollars la tonne, vers le 15 octobre 1902, lorsque le président Roosevelt se décida enfin, comme on sait, à intervenir et à imposer une commission d'arbitrage.

L'audace dont font preuve les compagnies, leur mépris des lois, le bon marché qu'elles font des intérêts du public, ont rendu le peuple américain excessivement méfiant à leur égard. Le peuple sent que les *trusts* sont les maîtres incon-

1. Pétition adressée, le 8 mai 1902, à la *National civic federation*, par John Mitchell, président de la *United mine workers*, et publiée par le *Collier's illustrated weekly* du 6 septembre 1902.

testés de la vie économique et politique de l'Union ; que tous les pouvoirs de l'État leur sont fatalement asservis. La justice n'est plus qu'un leurre aux yeux d'une grande partie du peuple, et la police n'est que l'humble servante des nouveaux potentats. Comment voudrait-on que des incidents comme ceux qui ont accompagné les grèves célèbres de Pittsburg en 1877, de Homestead en 1892, de Chicago en 1894, et qui sont gravés dans la mémoire de tous ceux qui connaissent l'histoire des luttes économiques du XIXe siècle ; comment prétendrait-on, dis-je, que des faits pareils, qui prouvent jusqu'à l'évidence la connivence qui existe entre l'autorité et les chefs d'industrie, ne laissassent pas de trace dans l'âme américaine? Lors de la grève de Pennsylvanie de 1902, l'activité des autorités se manifesta sous des formes particulièrement âpres et violentes : le juge John J. Jakson, de la Cour fédérale de la Virginie occidentale, appelait les grévistes des « vampires » et faisait emprisonner arbitrairement des mineurs, accusés du crime spécieux de « mépris de la justice », *contempt of court*. Le juge Kellar, de la même cour, prononçait que c'était un crime que de distribuer des victuailles aux grévistes. D'autre part, les compagnies des chemins de fer enjoignaient aux maisons de gros de Cincinnati de ne pas vendre de viande à l'Union des mineurs, sous peine de boycottage; et cela en dépit de la loi qui interdit formellement ces procédés d'intimidation dans les conflits entre capital et travail.

Pendant la grève de Chicago de 1894, une délégation de grévistes présenta au président Cleveland une adresse où il était dit :

« Nous faisons appel à vous, comme chef d'un gouvernement que nous voudrions appeler le nôtre et que, dans l'avenir, nous sommes résolus à appeler le nôtre. Nous faisons appel à vous pour que vous nous indiquiez une étoile d'espérance dans le firmament de la politique, une étoile qui nous montre la possibilité de délivrer notre pays, sans recours à la force, du régime de l'oligarchie capitaliste. » Le président Cleveland se borna, évidemment, à classer la pétition des ouvriers. Qu'aurait-il pu faire, d'ailleurs, pour la réalisation de leur rêve? Ainsi l'existence d'un gouvernement « par injonction » est devenue désormais une certitude amère pour les travailleurs américains.

M. Pierpont J. Morgan, qui « contrôle » à lui seul, suivant l'expression américaine, des entreprises dont les capitaux nominaux, dans leur ensemble, atteignent la somme fabuleuse de 30 milliards de francs, — la valeur effective, et fort discutable, des titres ne saurait, en l'espèce, être mise en jeu, l'importance du phénomène économico-politique de la concentration restant la même — équivalant au montant global de la monnaie d'or et d'argent circulant actuellement dans le monde; M. Morgan, dis-je, exerce aux États-Unis un pouvoir réel auprès duquel le pouvoir légal du Président de l'Union n'est peut-être pas grand'chose. Et les autres milliardaires l'aident à noyer, dans le gouffre de la corruption et du servilisme, l'autorité de l'État. Aussi, les anciens abus et les anciens privilèges renaissent-ils fatalement, quoique sous des formes nouvelles, appropriées à l'organisation politique contemporaine. Ils consistent, quelquefois, en des attaques directes contre les personnes et les biens, mais plus souvent encore dans l'exploitation indirecte de la chose publique au profit des passions et des intérêts égoïstes. Ils pénètrent aisément dans les hautes sphères du gouvernement parce qu'ils savent s'abriter derrière telle ou telle tendance politique. Les convoitises des chefs d'industrie, imposant à la grande majorité des citoyens des droits prohibitifs dont ils tirent seuls les avantages, peuvent, par conséquent, s'étaler librement sous le couvert d'une idée. C'est ainsi que le président Roosevelt, qui, dans son message du 4 décembre 1902, commençait par admettre que « les monopoles sont des créations injustes, qui empêchent ou paralysent la concurrence; l'excès frauduleux de la capitalisation », continuait le Président, « et les autres maux qui se trouvent en rapport de dépendance avec les organisations des *trusts*, et des pratiques qui affectent d'une manière nuisible le commerce intérieur de l'État, peuvent être évités par le Congrès, dans le but de régulariser le commerce avec les nations étrangères » : c'est ainsi, donc, qu'après avoir constaté les dommages causés par les monopoles, le Président refuse aussitôt d'admettre la nécessité, en manière de remède, de modifier les tarifs douaniers. Voici les passages essentiels de la suite de son message :

« La diminution des tarifs des droits d'entrée, comme moyen de frapper les maux produits par les *trusts*, serait un moyen entièrement inefficace. Le seul rapport qui existe entre les tarifs et les corporations dans leur ensemble, c'est que les tarifs rendent les manufactures prospères, si bien que leur modification n'aurait d'autre résultat que d'enlever aux manufactures leur prospérité actuelle. Le but que nous devons viser n'est pas celui d'accorder des avantages aux produits étrangers, mais celui de donner de meilleures chances à notre propre commerce, à l'aide d'une sage législation. La question des *trusts* est distincte de la question de tarifs. Le pays n'a aucun désir d'aborder cette dernière. »

On sent que ce message manque de base logique, mais on y sent surtout les préoccupations électorales de M. Roosevelt, candidat à la Présidence en 1904. M. Roosevelt est, aujourd'hui, comme le parti républicain dont il est le porte-drapeau, inféodé aux grandes corporations industrielles; cependant, il est obligé, sous peine de compromettre le résultat des prochaines élections, de donner un semblant de satisfaction à l'opinion publique, hostile à l'égard des *trusts*. Il élabore des mesures répressives, mais il sait bien que ces mesures ne peuvent avoir aucune efficacité véritable, l'origine du pouvoir monopolisateur des *trusts* se trouvant ailleurs qu'à l'endroit où il fait mine de les frapper.

Le danger n'est certainement pas dans les *trusts*, considérés comme œuvres de concentration de la production industrielle. Cette concentration peut avoir, et elle a certainement, des causes d'ordre technique et économique dont personne ne saurait s'effrayer. Le danger réside dans la situation privilégiée que les tarifs protecteurs créent à ces combinaisons industrielles dont ils augmentent la puissance jusqu'à leur assurer le monopole absolu du marché.

Tel est, en réalité, l'aspect sous lequel on envisage, aux États-Unis, le péril de la concentration capitaliste.

La révolte du peuple américain contre les tendances ploutocratiques s'est manifestée sous trois formes différentes : par le socialisme militant, par le mysticisme social, par le mouvement anarchiste. L'objet de mon étude est de retracer les principaux aspects de ce dernier; cependant, je crois utile de rappeler brièvement les caractères saillants des deux autres mouvements, car ils serviront à mettre en lumière la nature véritable du mouvement anarchiste.

Le socialisme militant.

On a souvent affirmé que le socialisme est un « article importé » en Amérique, *an imported article*; le fait est exact, si l'on entend parler de la « propagande » socialiste, mais il cesse d'être vrai si l'affirmation vise les idées socialistes collectivistes elles-mêmes. Un écrivain américain, M. R. Skidmore, publia en 1829, à New-York, un livre intitulé *The rights of man to property*, dans lequel l'auteur donne un plan de l'organisation collectiviste, aussi complet que ceux que l'on trouve dans la littérature européenne du même genre. Mais, à cette époque, les conditions économiques de la société américaine ne pouvaient guère favoriser l'essor d'une pareille doctrine, l'exploitation des esclaves noirs constituant, alors, une garantie d'aisance pour les Blancs exploiteurs. L'histoire du socialisme, aux États-Unis, ne date guère que de 1850, après le débarquement en masse des exilés des gouvernements européens dans les États industriels du Nord, où l'esclavage commençait déjà à décliner et où la main-d'œuvre blanche était généralement préférée. Les adeptes du parti étaient, au début, presque tous des Allemands; ils fondèrent des unions socialistes à Philadelphie, à Boston, à New-York et à Baltimore. Mais leur nombre était très restreint et leur influence nulle, en dehors du cercle étroit des différentes colonies allemandes. D'autre part, la guerre de sécession arrêta brusquement leur propagande. Ce ne fut qu'en 1872, lors de l'établissement à New-York du siège de l'Internationale, délibéré au Congrès de La Haye de septembre 1872, que le parti socialiste put reprendre haleine et élargir la sphère de son activité. L'Internationale tomba, mais ses principes lui survécurent, propagés sur le sol américain par la foule immense d'émigrés allemands, que les restrictions édictées par le grand chancelier obligeaient, plus tard, à s'expatrier. En 1878, les forces socialistes étaient groupées en trois grandes associations :

1° *The International working people's Association*;

2° *The International workmen's Association*;

3° *The Socialist labor Party*.

Les deux premières étaient insurrectionnelles; elles avaient surtout en vue la violence et l'effusion de sang : aussi, en parlerai-je spécialement plus loin.

Le *Socialist labor Party* comprenait les socialistes modérés. En 1884, il possédait cinquante sections et 780 affiliés payants. En 1888, le parti présenta un candidat à la Présidence, qui ne recueillit que 2068 votes. Après cette tentative infructueuse, une scission éclata au sein de l'association à cause des deux tendances qui s'y trouvèrent en présence, l'une poussant le parti sur le terrain de la lutte politique, l'autre s'opposant à son entrée dans cette lutte. Le résultat fut la scission du parti en deux fractions : celle de New-York et celle de Cleveland; la première appelée *Socialist labor Party*, l'autre *Social Democratic Federation*. Le *Socialist labor Party* est, cependant, resté la seule organisation véritablement forte du parti socialiste dans les États-Unis de l'Amérique du Nord. Il a fondé un système de *Trades-Unions* dont l'ensemble s'appelle *Socialist trades and labor Alliance*, qui est, aujourd'hui, une organisation dissidente.

Le *Populism*, le *Nationalism* et le *Single taxer movement* n'ont été que des phénomènes temporaires, et se trouvent englobés désormais dans le mouvement socialiste proprement dit, représenté, actuellement, à la suite des dissensions survenues avec la *Socialist trades and labor Alliance*, par une organisation renouvelée appelée *Socialist Party*, tout court.

Il faut considérer le *Socialist Party*, non pas comme une organisation ouvrière, se confondant, comme par exemple en Belgique, avec les nombreuses institutions coopératives qui dans ce pays en sont l'émanation, ou s'identifiant, comme en France, avec le mouvement syndical. Le parti socialiste américain représente purement une tendance sociale, une sorte de groupement intellectuel et moral de citoyens partageant les mêmes idées sur la propriété, sur l'État, sur la distribution des produits du travail.

Il se sert surtout de la presse comme moyen de propagande, mais ses apôtres ne négligent pas les longues causeries contradictoires sur la voie publique, habituelles en Amérique. L'orateur monte sur une tribune improvisée, débite son discours et prie les assistants de lui poser des questions auxquelles, naturellement, il répondra. A la fin de la réunion, et même au cours des débats, les personnes présentes sont très poliment priées de vouloir bien donner leurs nom et adresse. Le lendemain elles trouveront chez elles de volumineux paquets contenant des *pamphlets* socialistes. Le parti a une presse officielle composée de six journaux : *The People* (anglais), *Vorwärts* (allemand), l'*Avanti* (italien), *Swiatlo* (polonais), *Arbetare* (danois), *Volks Tribune* (hollandais), tous publiés à New-York. Le journal *The People* seul est quotidien, les autres sont hebdomadaires. Mais la presse non officielle est beaucoup plus importante. Elle comprend une centaine environ de journaux quotidiens ou hebdomadaires dans toutes les langues, se publiant dans les principales villes des États-Unis. Quant aux livres et aux brochures, leur nombre est incalculable.

Il est extrêmement difficile, à mon sens, de juger de l'importance effective des résultats de la propagande socialiste en Amérique. On a remarqué, avec quelque raison, que le cachet allemand que porte cette propagande est de nature à lui enlever des chances de succès. En réalité, presque toutes les brochures distribuées par le parti sont de simples extraits des travaux de Marx ou de Lassalle. Les salles des journaux du parti ne peuvent être garnies que par les portraits de ces deux personnalités qui incarnent idéalement le mouvement, les personnalités américaines faisant défaut. Bellamy et Henry George ont eu, à vrai dire, leur moment de célébrité, mais la frénésie du peuple pour leurs doctrines — d'ailleurs trop spéciales — a été de courte durée. Les associations ouvrières gardent encore pour le socialisme une méfiance qu'il sera malaisé de vaincre.

Au dernier congrès de l'*American Federation of labor*, qui s'est tenu du 13 au 22 novembre 1902 à la Nouvelle-Orléans, et où furent représentées les principales associations ouvrières comptant ensemble 1 025 300 membres cotisants, le socialisme a été battu de nouveau, comme il l'avait été déjà au congrès de Denver, en 1894, et au congrès de New-York, en 1895. L'ordre du jour présenté par Max Hayes, de Cleveland, délégué de la *Typographical international Union*, et invitant le congrès à se prononcer pour la fondation d'une démocratie coopérative de travail, *an industrial cooperative democracy*, a été repoussé par 4 865 voix contre 4 203. Samuel Gompers, président de l'*American Federation of labor*, prononça un réquisitoire ardent contre les socialistes, et il a dû, certainement, interpréter les idées de la grande majorité des ouvriers, puisque sa réélection a eu lieu à la presque unanimité des votants.

La raison du peu de succès de la propagande socialiste dans les milieux ouvriers américains réside, encore plus que dans son origine essentiellement allemande, dans la confiance que le socialisme est tenu, de par son caractère foncièrement autoritaire, à avoir dans les pouvoirs publics. En réalité, il est impossible de concevoir un socialisme anti-étatiste, l'action de l'État étant le pivot de cette doctrine. Or, la méfiance que l'ouvrier américain professe à l'égard de l'État et des monopoles qu'il engendre et protège, doit l'amener précisément à éprouver une antipathie invincible pour l'étatisme caporaliste et monotone que prêchent les socialistes allemands. Ce qui fait et a toujours fait la force des doctrines sociales, auprès des races naturellement portées vers la liberté, ce ne sont pas les dogmes ou les questions de détails, ce sont les sentiments qu'elles agitent, les horizons qu'elles ouvrent, l'idéal qu'elles font entrevoir. L'idéal collectiviste, très compréhensible dans une société militariste et bureaucratique, est trop restreint pour une âme américaine. Le peuple américain est convaincu que les maux dont il souffre viennent beaucoup moins de l'organisation actuelle de la société que des lois défectueuses, des abus, de la corruption qui règnent dans le gouvernement. Cette disposition d'esprit ne saurait donc favoriser la propagande socialiste dont la caractéristique est une haine inexorable pour l'organisation économique actuelle. Mais, malgré cette méfiance du peuple, l'action socialiste a tout de même une portée morale et sociale considérable aux États-Unis, car elle contribue, par ses revendications d'ordre politique — telles la demande de droits civils égaux pour les deux sexes et la lutte qu'elle a entreprise contre les préjugés de race — à tenir en éveil la mentalité du travailleur.

A l'issue de la campagne présidentielle de 1896, Eugène Debs, le chef effectif du mouvement socialiste, publia un manifeste dont il est utile de rappeler le passage essentiel :

« J'ai soutenu, disait Debs, la candidature de M. William J. Bryan et les principes sur lesquels elle s'appuyait, non pas parce que je considérais la frappe libre de l'argent comme la panacée de tous les maux de la nation — ce point du programme je ne le combattais ni le défendais, — mais parce que je croyais que le triomphe de M. Bryan et de l'argent libre rognerait les griffes de la puissance du capital et arracherait les dents des requins qui dirigent les syndicats industriels. Il aurait également banni des grandes routes de l'activité humaine plus d'un étendard noir.... La frappe libre de l'argent nous fournissait non seulement notre cri de ralliement, mais un terrain commun de lutte contre les *trusts*, les corporations et les monopoles; en un mot contre cette puissance du capital sous laquelle le pays a été presque ruiné, le travail réduit à la famine et la liberté personnelle supprimée. Une fois réuni dans cette communauté d'idées, le peuple pouvait, en phalange solide, marcher à la destruction de l'esclavage social jusqu'à ce que tout le système capitaliste fût aboli et que la société humaine fût établie sur la base de la propriété collective de tous les moyens de production et de circulation des richesses. »

Le parti socialiste américain vise aujourd'hui, comme il y a sept ans, la destruction des monopoles; c'est à ce titre seul, c'est à son titre de parti de combat, que je l'ai compris dans le mouvement de révolte dont j'ai parlé plus haut. Quant à son programme d'organisation sociale, il n'entre pas dans mon sujet de l'exposer ici.

Le mysticisme social.

Je me promenais un soir sur une place de je ne sais plus quelle ville américaine, lorsque mon attention fut attirée par des gémissements partant d'un groupe de personnes qui faisaient cercle autour d'un des innombrables orateurs publics que l'on rencontre un peu partout en Amérique. Je m'approchai un peu de l'endroit et m'aperçus, en effet, que plusieurs hommes et femmes pleuraient à chaudes larmes. Au milieu du groupe, se tenait, la tête découverte, un individu d'une taille supérieure à la moyenne, vêtu d'une longue redingote noire. Son bras droit levé, il pointait l'index vers le ciel, promenant sur l'assistance des yeux d'illuminé. Il venait, évidemment, de faire un tableau navrant des misères de notre pauvre race et d'invoquer l'aide de Dieu pour le salut humain. De temps en temps, des auditeurs sortaient des rangs et allaient déposer leur obole dans le chapeau de l'apôtre.

Celui-ci suivait leurs mouvements et, tout en paraissant assez satisfait des résultats tangibles de sa propagande, il s'écria tout à coup d'une voix tonitruante : « *I do not want money, I only want men,* Je ne veux pas d'argent, je veux seulement des hommes ». Il entendait dire, naturellement, qu'il désirait avoir des partisans pour ses idées.

Je ne me suis plus occupé de savoir si ses désirs avaient été satisfaits, mais il n'est pas impossible que le modeste orateur de ce soir-là soit aujourd'hui devenu le chef d'une nouvelle église américaine. C'est ainsi, en effet, que naissent les sectes religieuses aux États-Unis. La religion n'y vit pas de dogmes imposés, elle y vit de sentiments et de sympathies personnelles : dans ce caractère profondément libertaire et individuel de la religion aux États-Unis, réside précisément le motif principal du peu de succès du catholicisme dans l'Union, quoiqu'il ait su mitiger, en une certaine mesure, son intransigeance traditionnelle. Les Américains donnent au christianisme la signification d'une règle pratique de vie, non celle d'une révélation entraînant des récompenses ou des peines éternelles suivant notre manière de s'y conformer. Il était naturel, par conséquent, que des âmes éprises des enseignements du Christ éprouvassent le désir d'opposer une résistance morale aux tendances excessivement égoïstes de la société. Le mysticisme social ou, si l'on préfère, le socialisme mystique, est le résultat de cette prédisposition spéciale d'un grand nombre d'esprits. Il a donné, comme on sait, des fruits copieux et variés, et je ne pourrais en refaire l'étude, même avec la persuasion d'apporter des documents inédits, sans sortir du cadre précis de mon travail.

Les nombreuses tentatives de colonisation communiste qui eurent lieu aux États-Unis et qui s'y élaborent à chaque instant, sont une manifestation caractéristique du mysticisme social. Les écrivains qui s'en sont occupés les ont divisées en deux catégories distinctes : celles à base religieuse et celles à base purement économique. Cette distinction me semble artificielle, toutes les sociétés communistes des États-Unis relevant également du sentiment foncièrement religieux de la renonciation individuelle. On a cru remarquer dans les idées de Owen et de Fourier, sinon dans celles de Cabet, les pionniers du communisme aux États-Unis, un certain respect de la liberté et de l'initive individuelles : malheureusement, il a été prouvé que la vie phalanstérienne n'est réellement pas de nature à développer ces dons précieux. L'histoire de presque toutes ces colonies communistes se résume par un récit ininterrompu de défaites. Même *Brook farm*, qui avait été un essai de communisme effectué par une élite intellectuelle, a dû sombrer pitoyablement au bout de quelques années. Les quelques restes de la vieille et de la nouvelle Icarie; les communautés des Sanctificationnistes, fondée en 1868; des Inspirationnistes, fondée en 1848; des Zoarites, fondée en 1817; des Shakers, la plus ancienne de toutes, fondée en 1776; deux ou trois autres encore ont pu, seules, résister. Il faut remarquer cependant qu'elles ne sont plus, désormais, que des communautés confessionnelles, de tout point semblables aux congrégations catholiques. Elles ne représentent pas, à vrai dire, des organisations de révolte, car plutôt que de se révolter contre les exigences de la vie réelle, elles s'y résignent complètement. Leurs affiliés ne luttent pas contre l'injustice, ils la subissent; et, dans le but de se soustraire au spectacle douloureux des compétitions humaines, ils s'isolent du monde et s'absorbent dans la contemplation de la vertu éternelle. Cependant, leur résignation ne cesse pas, dans le fait, d'être le résultat d'une révolte morale digne d'étude.

*
* *

D'une tout autre importance est, aux États-Unis, le mouvement coopératif que j'appellerai réformiste, car il vise la modification de l'organisation sociale d'aujourd'hui par la substitution d'une économie coopérative à l'économie bourgeoise actuelle. Les *Knights of labor*, les socialistes chrétiens, les *Fabiens* poussent tous également le peuple sur la voie de la coopération. Mais c'est grâce surtout à l'initiative qui aboutit à la constitution de la *Brotherhood of the cooperative commonwealth*, que la conception coopérative réformiste a pris une forme précise et a été entourée par cette auréole de religiosité qui accompagne si souvent les mouvements sociaux aux États-Unis. La *Brotherhood* est une filiation du mouvement populiste, mais, à la suite de la fusion du parti populiste avec le parti démocratique, en 1896, elle devint une institution indépendante. Les bases définitives en furent posées au congrès coopératif de Saint-Louis du mois de juillet 1896. Les congressistes lancèrent, à cette époque, un appel dans lequel il était dit, entre autres choses : « Tout est perdu pour l'humanité ; la société se désagrège. Il faut que des forces nouvelles se forment et s'organisent pour en opérer le sauvetage : cela, non pas dans le but de constituer un parti politique nouveau, mais en vue de préparer la réforme sociale. » On peut lire cet appel dans le journal *Saint-Louis Star* de l'époque. Le même journal publia, d'autre part, dans son numéro du 24 juillet 1896, le texte du discours d'ouverture prononcé par le président du congrès.

« Nous avons convoqué un congrès national coopératif, dit le président, afin de doter d'une organisation pratique les institutions et les sentiments coopératifs qui existent dans l'Union et y prennent une extension toujours plus grande. Pour que cette organisation devienne possible, il faut que le peuple apprenne à pratiquer lui-même la coopération. L'objet principal du congrès sera d'établir des relations harmonieuses entre toutes les associations coopératives existantes : magasins, crèmeries, usines, assurances fraternelles sur la vie et contre l'incendie, *labor exchanges* (sortes de coopératives ne vendant qu'aux associés et seulement des marchandises fabriquées par les associés eux-mêmes), colonies coopératives, maisons de publication, entreprises pratiquant la participation aux bénéfices et, en général, toutes les sociétés ayant un caractère coopératif dont la propagande tend à l'établissement de la propriété municipale des services publics et de la propriété nationale des monopoles. » Le président du congrès continua en affirmant la nécessité de propager les idées de coopération, si bien qu'après la discussion qui suivit son discours, l'assemblée décida la constitution de la *Brotherhood*. On se rendra compte du caractère confessionnel de cette institution, en lisant la déclaration suivante que l'on exige des affiliés :

« Croyant que dans le système socialiste de production et de distribution se trouve l'unique solution aux conditions chaotiques qui règnent actuellement dans la vie sociale, je m'engage, sur ma parole et mon honneur, à faire tout mon possible pour aider à l'établissement de la république coopérative. »

D'autre part, les en-tête de la *Brotherhood* contiennent ces mots :

The Brotherhood of the cooperative commonwealth is a union within the socialists of all the world whose aim is the establishment hic et nunc *of the reign of heaven.* « La *Brotherhood* est une union des socialistes du monde entier, dont le but est l'établissement *hic et nunc* du royaume des cieux ».

La *Brotherhood* se compose de corps nationaux et locaux. Un *board of trustees*, de huit affiliés, est placé à la tête du mouvement dans chaque État.

Il est impossible d'évaluer les résultats obtenus par la *Brotherhood*, ces résultats étant, comme ceux de toute propagande semblable en Amérique, fort variables d'année en année. Je crois, en tout cas, que le mouvement créé par cette institution est destiné à un certain succès, en vertu du tempérament mystique du peuple américain. La *Brotherhood* cessera d'exister, peut-être, mais son œuvre ne sera pas perdue, et beaucoup d'autres institutions pareilles suivront certainement ses traces.

A peine fondée, la *Brotherhood* se mit en rapport avec une colonie coopérative qui existait déjà, la colonie de Ruskin, dans le Tennessee, dont l'organe *The coming Nation* mit immédiatement ses colonnes à la disposition de la nouvelle initiative. Voici, en passant, la déclaration que la colonie de Ruskin faisait signer à ses membres :

« Je jure d'abdiquer ma liberté naturelle, — dont la tendance est de faire oublier les droits d'autorité, — au profit de la liberté sociale qui, étant basée sur les principes du droit et de la justice, sauvegardera mes droits et ceux de mes semblables ».

Dans des statuts de la colonie il était dit :

« Nous ne voulons ni débit de boisson, ni police, ni église, car les trois vont la main dans la main. »

Il est à noter, cependant, que les colons de Ruskin, tout en n'ayant pas d'église, se réunissaient souvent dans un endroit déterminé pour s'absorber dans une *méditation spirituelle*.

La colonie de Ruskin dans le Tennessee a été

vendue en 1896 à un entrepreneur privé. Un certain nombre de ses fondateurs et membres allèrent ensuite fonder une nouvelle colonie portant le même nom dans l'État de Georgie, mais ils durent, peu après, se disperser [1].

Les colonies coopératives ont foisonné pendant ces dernières années aux États-Unis, et celles qui existaient déjà ont reçu, grâce à l'aide de la *Brotherhood*, une impulsion nouvelle. Parmi ces dernières, celle des *Roycrofters* à East Aurora, dans l'Eric county, fondée en 1895, est particulièrement florissante. Le village de East Aurora est situé à 18 milles de Buffalo, dans l'État de New-York. Son fondateur est Elbert Hubbard, qui s'est inspiré des doctrines de Thomas Roycroft, un coopérateur anglais du XVIIe siècle. La colonie s'occupe exclusivement de travaux d'imprimerie et de reliure. Elle est admirablement organisée, grâce au dévouement de son fondateur et de ses trois enfants. Tout le monde y est accueilli à bras ouverts et peut y rencontrer un milieu de pureté morale et de solidarité humaine absolument idéales [2].

1. On trouvera des détails intéressants sur la colonie de Ruskin dans un article signé J.-W. Braam, publié dans l'*American journal of sociology* de Chicago, du mois de mars 1903.

2. M. Elbert Hubbard lui-même raconte les origines de sa colonie dans un article paru dans la revue *Wisdom* de Boston, du mois d'août 1902.

Le mysticisme social, quelles que soient les formes sous lesquelles il se manifeste, a, comme on voit, pour but de constituer des associations, non seulement indépendantes du pouvoir et des monopoles qui en découlent, mais même tendant à contrecarrer les empiétements de ces monopoles. Il doit, par conséquent, être envisagé comme une réaction du peuple contre la ploutocratie dominante, au même titre que le socialisme militant ou le mouvement anarchiste dont je vais m'occuper.

Le mouvement anarchiste.

La propagande anarchiste a revêtu, dans le monde, deux formes distinctes : l'individualisme libertaire et le communisme insurrectionnel. Le premier vise une révolution naturelle, car il fait appel exclusivement à l'énergie active et paisible des individus ; le second est essentiellement insurrectionnel parce qu'il veut la destruction de la vie individuelle. Les États-Unis ont connu et connaissent les deux formes d'anarchisme ; cependant il est à remarquer que si l'individualisme à outrance y a été un produit spontané du milieu et de la race, le communisme insurrectionnel y assume, par contre, tous les caractères d'un article importé, qu'on a également signalés au sujet du socialisme collectiviste. Les deux mouvements, d'ailleurs, ne diffèrent que par leurs méthodes respectives de propagande, le communisme étant seulement une dégénérescence du socialisme collectiviste.

Le mouvement anarchiste individualiste, que j'appellerai plutôt *intellectuel*, car son action a comme seuls organes le raisonnement et la conviction, a représenté, au commencement, en Amérique, une répercussion sympathique du moument libériste anglais dirigé par Cobden et la ligue de Manchester. Lorsque Cobden prononçait, le 30 mars 1843, au théâtre Drury-Lane de Londres, son célèbre discours sur l'émigration, dans lequel il évoquait les suites néfastes des monopoles agraires, les émigrés anglais et écossais de la Nouvelle-Angleterre avaient déjà semé, sur le sol américain, le grain de la haine contre tout privilège et toute restriction. Au cours de son improvisation Cobden avait dit : « D'après une enquête effectuée au milieu des ouvriers, ces derniers, questionnés sur la nécessité où ils se trouvaient de s'expatrier, répondirent : Ne serait-il pas plus simple de porter les aliments vers nous que de nous porter nous-mêmes vers les aliments. — Je n'ai aucune objection, continuait Cobden, à formuler contre l'émigration volontaire; mais l'émigration qui provient de la nécessité de fuir la *famine légale*, c'est la déportation et pas autre chose. Rendez au peuple le droit d'échanger les produits de son labeur contre du blé étranger et il n'y aura personne en Angleterre qui ne puisse jouir du bonheur de vivre dans la terre natale. » Parlant contre les lois des céréales, Cobden avait déjà dit ailleurs : « Qu'est-ce que le monopole du pain? C'est la disette du pain. Qu'est-ce que la disette du pain? C'est le vol pratiqué par les propriétaires sur le peuple. »

A cette même époque, Josah Warren, de Boston, avait déjà entrepris dans son pays une campagne destinée à supprimer toute limitation légale de la liberté du commerce et, en général, toute entrave de la liberté individuelle. Sous ce rapport, il peut être considéré comme le précurseur de l'anarchisme intellectuel américain. Josah Warren était un libraire de Boston. Né à Boston en 1818, il y mourut en 1879. Il a laissé plusieurs écrits, dont le principal est celui intitulé : « *True civilisation : a subject of vital and serious interest to all people, but most immediately to the men and women of labor and sorrow*, « La véritable civilisation : sujet d'intérêt sérieux et vital pour tout le monde, mais intéressant plus immédiatement les hommes et les femmes de labeur et de douleur ». — C'est un volume de 120 pages environ, écrit vers 1845, mais publié seulement en 1863, à Boston. Détail curieux : Warren aurait trouvé avant Proudhon la formule du fameux *bon d'échange* représentant un travail effectué. Voici comment Warren l'aurait rédigé en 1842 :

For valued received, I promise to pay bearer, on demand, one hour's labor or ten pounds of corn.

Modern times, the.....

Signed :

Mais les droits de priorité, en matière d'idées sociales, sont difficilement contrôlables.

Les disciples de Warren, dont Lysander Spooner, auteur lui-même de plusieurs travaux intéressants, et Benjamin R. Tucker, l'organisateur actuel du mouvement, essayèrent aussitôt de répandre les doctrines du maître. Là fondation de clubs anarchistes individualistes, dans toutes les principales villes de l'Union, fut, au début, leur œuvre la plus originale. J'ai pu me procurer les statuts du cercle anarchiste de Boston, aujourd'hui fermé, et je crois utile d'en donner un court résumé :

« *Article Ier*. — Nous, soussignés, déclarons constituer l'association nommée « Club anarchiste ».

« *Art. II.* — Le but que le club se propose est l'abolition de tout gouvernement imposé par un homme à un autre homme ; les moyens, des réunions publiques, des conférences, des discussions et par la diffusion de publications anarchistes.

« *Art. IV.* — Les membres du club ne sont pas astreints à payer de cotisation, mais ils sont priés de vouloir bien contribuer aux frais de l'institution par des versements mensuels, suivant leurs moyens.

« *Art. VI.* — Le club se réunit le premier samedi de tous les mois et la direction de l'Assemblée est confiée à un président élu chaque fois par l'Assemblée elle-même, à la majorité des voix.

« *Art. XI.* — Toutes les questions présentées devant le club doivent être résolues à la majorité des voix des membres votants, excepté celles dont parle l'article XIII.

« *Art. XIII.* — Les modifications aux statuts du club doivent être décidées à l'unanimité des membres du club. »

Les autres articles concernent des affaires communes à toutes les associations. On avait reproché aux fondateurs du club d'avoir introduit abusivement dans les statuts la règle du vote à la majorité des voix, règle contraire à l'esprit anarchiste. Les fondateurs répondirent :

« Les anarchistes ne sauraient se passer de cette règle dans les questions de détail, mais ils ne peuvent l'accepter dans les questions fondamentales, comme c'est le cas pour l'article XIII. »

Les sceptiques s'étaient également demandé comment, dans la vie sociale, on pourra établir une distinction entre les questions de détail et les questions fondamentales, mais le club anarchiste de Boston n'avait certainement pas été fondé pour les sceptiques....

Aujourd'hui, le mouvement anarchiste intellectuel est incarné dans la personne de Benjamin R. Tucker, aux doctrines duquel je consacre le deuxième chapitre de cet ouvrage. M. Tucker compte des amis et des disciples en grand nombre. Mais, comme il agit exclusivement par des conférences et des publications, il serait impossible de citer des chiffres pouvant donner une idée, même lointaine, des résultats de sa propagande.

M. Tucker se montre plein de confiance et me disait dernièrement : « Je ne puis faire le calcul du nombre de ceux qui partagent mes idées. Cependant je sais que les amis de l'anarchie, telle que je l'entends, augmentent d'année en année. Nous n'avons, d'ailleurs, pas besoin de nous compter, car notre force est en chacun de nous-mêmes et nous sommes tous, en grand ou en petit nombre, individuellement prêts à conformer nos actes à nos convictions. »

*
* *

Il ne me reste plus qu'à parler du mouvement anarchiste-communiste, dont les premières traces, aux États-Unis, remontent à l'année 1874. J'ai déjà rappelé les circonstances qui ont précédé l'établissement du siège de l'*Internationale* à New-York. L'écho des dissidences provoquées par Bakounine en Europe put ainsi pénétrer dans les milieux ouvriers américains. La crise qui sévit sur le marché monétaire et commercial des États-Unis, en 1873, favorisa rapidement la formation d'un parti insurrectionnel que le chômage forcé et l'arrivée des révolutionnaires allemands et slaves ne pouvaient qu'alimenter. En 1874, les agitateurs socialistes avaient fondé à Chicago *The international workingmen's party of the State of Illinois*, dont les tendances, au début pacifiques, devinrent, plus tard, ouvertement violentes. Les socialistes les plus modérés et prudents, qui avaient déjà fondé à New-York *The workingmen's party of the United States*, déclarèrent, en 1877, à la convention de Newark, vouloir définitivement se séparer de leurs camarades. Ainsi naquit le *Socialist labor party*, dont j'ai parlé plus haut. Les communistes fondèrent alors les deux associations que j'ai également citées :

1° *The international working's people Association*;
2° *The international workmen's Association.*

Le siège de ces deux associations était à Chicago et leur organe principal était *Die Arbeiter Zeitung*, dirigée par Paul Grotkau. Quoique ce dernier fût un esprit plutôt porté vers la lutte politique, son journal prêchait effectivement la révolte à main armée contre le pouvoir et les capitalistes. Les deux associations sus-indiquées, d'autre part, dont la première s'appelait l'*Internationale noire* et l'autre l'*Internationale rouge*, propageaient leurs maximes de violence et de meurtre. Ces associations étaient secrètes et les peines les plus sévères menaçaient ceux de leurs membres qui auraient osé enfreindre leurs obligations de fraternité envers leurs camarades et d'absolue fidélité aux principes insurrectionnels.

L'arrivée en Amérique de Johann Most, le célèbre communiste allemand, le 10 décembre 1882, donna une impulsion nouvelle au mouvement insurrectionnel. Du 14 au 16 octobre 1883, un congrès anarchiste communiste se tint à Pittsburg; 27 délégués y assistèrent, représentant 22 villes américaines. On y discuta surtout la tactique à conseiller aux compagnons européens à la suite du procès de Lyon.

Mais le fait saillant de l'action anarchiste communiste aux États-Unis est l'événement de Chicago de 1886. Il importe de rappeler brièvement les faits. Le mouvement en faveur des huit heures de travail battait son plein, à cette époque. Les comités de Chicago conseillaient aux ouvriers de se mettre en grève le 1er mai, et leur tactique avait tacitement reçu l'approbation des unions socialistes. Les journaux *Die Arbeiter Zeitung* et *The Alarm*, l'organe en langue anglaise des communistes de Chicago, qui avait, entre temps, commencé à paraître, publiaient des articles d'une violence extrême. La situation avait, d'autre part, été sensiblement aggravée par de nombreux « lock-outs », décidés par les patrons, parmi lesquels la maison Cyrus Mac Cormick, qui avait renvoyé arbitrairement douze cents ouvriers, qu'elle avait remplacés, en partie, par des jaunes.

Le 1er mai, la grève avait effectivement pris une extension considérable; mais la lutte entre patrons et ouvriers s'annonçait déjà comme devant être acharnée et atroce. Dans l'après-midi du 3 mai, une multitude de sept à huit mille grévistes manifesta à la sortie des jaunes de l'usine Mac Cormick. L'usine était gardée par la police qui, ayant reçu des pierres et même, dit-on, essuyé quelques coups de revolver, ouvrit aussitôt un feu général. La foule s'enfuit, laissant sur place six morts et une cinquantaine de blessés. En faisant, le lendemain, le récit de cette fusillade, *Die Arbeiter Zeitung* lançait l'appel suivant :

« La guerre des classes a commencé. Hier on a fusillé des travailleurs. Leur sang crie vengeance.

« Qui osera douter que les tigres qui nous dominent ne soient avides du sang des travailleurs?

« Mais les travailleurs ne sont pas des menteurs. A la terreur blanche, il répondront par la terreur rouge. Mieux vaut la mort que la misère. La nécessité nous fait crier : Aux armes!

« Hier, les femmes et les enfants des morts pleuraient les victimes du plomb capitaliste, cependant que, dans leurs palais, nos maîtres vidaient des coupes de champagne. Cessez de pleurer, travailleurs. Ayez du courage, esclaves. Révoltez-vous! »

En même temps les comités insurrectionnels lançaient l'invitation à un meeting pour le 5 mai, à sept heures et demie du soir, sur la place de Hay-Market.

Voici le texte de l'invitation.

Attention, Workingmen!

Great Mass-meeting to-night at 7. 30 o' clock, at the Haymarket, Randolph str. between Desplaines and Halsted.

Good speakers will be present to denounce the latest atrocius act of the police, the shooting of our fellow-workmen, yesterday afternoon.

Workmen! arm yourself and appear in full force.

THE EXECUTIVE COMMITTEE

Cette invitation fut également lancée en langue allemande et en langue italienne.

Plusieurs milliers de personnes intervinrent au meeting. Les anarchistes Albert Spies, rédacteur à l'*Alarm*, Albert Parsons et Samuel Fielden y prirent la parole. Durant le discours de ce dernier, la police fit irruption sur la place et le commandant ordonna aux ouvriers de se disperser. Il n'avait pas encore fini de prononcer la phrase sacramentelle : *In the name of the American people, I command you to disperse*, qu'une bombe tomba entre la première et la seconde rangée de policiers, en en renversant une soixantaine, dont huit moururent des suites de leurs blessures. Les policiers survivants ouvrirent, alors, un feu nourri sur la foule et firent ainsi un nombre considérable de victimes. La répression fut terrible. A la suite du procès qui eut lieu à Chicago même, le jury rapporta, le 20 août 1887, sept condamnations à mort et une à quinze ans de travaux forcés.

Le 11 novembre 1887, les sentences de mort étaient exécutées, excepté celle prononcée à l'égard de l'un des condamnés, Louis Lingg, qui avait réussi à se faire sauter la cervelle dans sa cellule, au moyen d'une bombe.

Après l'exploit de Haymarket, l'émotion populaire a arrêté, pendant longtemps, la propagande anarchiste insurrectionnelle. On n'entendit bientôt plus parler de l'*International working people's Association* ni de l'*International workmen's Association*. En 1890, elles avaient cessé d'exister.

Le meurtre du président Mac Kinley, commis par Czogolsz, à Buffalo, le 13 septembre 1901, acheva, quoi qu'il ait été un acte purement individuel, d'aliéner la sympathie du peuple envers les anarchistes insurrectionnels. Cependant, lorsque l'indignation universelle se fut un peu apaisée, le journal *Evening Post*[1], de New-

1. Novembre 1901.

York, un des plus sérieux périodiques de l'Union, l'organe autorisé des idées libérales, osa publier une série d'articles où il rappela les méfaits des combinaisons financières, dont l'ancien président avait si considérablement accru la puissance.

« Les *trusts* nous dominent et nous écrasent », disait en substance l'écrivain de l'*Evening Post*, « et le peuple est profondément irrité contre eux. Czogolsz est certainement un assassin et son crime nous fait horreur. Mais ne pourrait-il pas être aussi l'instrument fatal, quoique inconscient, de la vindicte populaire? Ceux qui nous dirigent doivent réfléchir sur cette terrible éventualité. » Ces considérations du grand journal new-yorkais peuvent ainsi aider à saisir, dans toute sa plénitude, l'état d'esprit du peuple américain à l'égard de la féodalité d'un nouveau genre qui s'est établie sur le sol de l'Union, malgré la pureté historique de ses institutions démocratiques.

CHAPITRE II

Les anarchistes intellectuels (Benjamin R. Tucker).

Benjamin R. Tucker. — Ses débuts. — Son journal *Liberty*. — Le volume *Instead of a book*. — La doctrine de Tucker. — Les caractères fondamentaux du socialisme collectiviste et du socialisme anarchiste. — La vie individuelle. — La vie sociale. — La famille. — La propriété. — L'État. — Conclusion. — Les trusts.

Benjamin R. Tucker est né en 1854 à South Darmouth, près de New-Bedford (Massachusetts). Il a fait ses études à Boston, dans une école industrielle. C'est à Boston même qu'il fit la connaissance personnelle de Josah Warren, auquel il voua aussitôt une affection profonde et filiale.

Les enseignements de ce dernier, et son goût naturel pour les questions sociales firent naître en M. Tucker le désir de connaître de près la vie économique et intellectuelle des différents peuples. Aussi, entreprit-il, dès sa première jeunesse, de longs voyages à travers l'Union américaine et en Europe. Il était alors rédacteur du journal *The Boston Globe*, auquel il envoyait des correspondances fort originales. A son retour à Boston, il fonda, en 1881, le journal *Liberty*, d'abord mensuel, puis hebdomadaire, maintenant redevenu mensuel. M. Tucker réside, depuis 1893, à New-York, où il dirige, en même temps que son propre journal — qui paraît actuellement à New-York, — une maison d'édition établie sous son nom.

Il a publié, comme éditeur, de nombreux ouvrages de propagande; entre autres, la traduction des œuvres de Proudhon faite par M. Tucker lui-même. Parmi les publications littéraires de sa maison, je cite comme caractéristiques la traduction anglaise, faite par M. Tucker, du *Journal d'une femme de chambre*, d'Octave Mirbeau (*A chambermaid diary*), et le poème d'Oscar Wilde intitulé *The Ballad of Reading Gaol*, signée C. 3. 3., le numéro matricule de l'auteur pendant sa détention à la prison de Reading.

J'ai connu M. Tucker à New-York, à son bureau, où il m'a fait un accueil cordial et encourageant. Benjamin R. Tucker est un homme solide, de taille moyenne; sa figure, encadrée d'une barbe épaisse, brune, mais déjà grisonnante, respire la santé vigoureuse du travailleur; ses yeux luisants, au regard vif et pénétrant, témoignent d'une intelligence prompte autant que d'une bonté exquise. La conversation de M. Tucker est, au plus haut degré, instructive. M. Tucker est au courant de tout ce qui se passe dans son pays et à l'étranger. Il est un lecteur formidable. Il est aussi un ami enthousiaste de la France, ayant séjourné assez longtemps à Paris, où il a connu Octave Mirbeau, Henry Maret, Ernest Lesigne, Elisée Reclus, Anatole France et tant d'autres.

*
* *

La doctrine de Tucker se trouve exposée en entier dans son livre intitulé *Instead of a book — by a man too busy to write one — a fragmentary exposition of philosophical anarchism*[1] (En guise de livre — par un homme trop occupé pour en écrire un — exposé fragmentaire de l'anarchisme philosophique). Ce livre, dont le titre si original indique la composition, est un recueil d'articles parus dans le journal *Liberty*, articles tantôt de doctrine, tantôt de polémique, tantôt

1. Seconde édition, New-York, 1897.

de narration. Les articles sont classés par sujets et répartis sur sept chapitres, dont voici les titres :

1° *The individual, the society and the state.*

2° *Money and interest.*

3° *Land and interest.*

4° *Socialism.*

5° *Communism.*

6° *Methods.*

7° *Miscellaneous.*

M. Tucker ne craint pas, comme nous allons le constater, de traiter à fond les questions capitales de l'organisation de la société. Dans l'introduction du livre, intitulée *State socialism and anarchism : how far they agree and wherein they differ* (Socialisme d'État et anarchisme — jusqu'où ils concordent et en quoi ils diffèrent), M. Tucker fait un exposé préliminaire de la question.

« Aucun mouvement intellectuel ou social, dit M. Tucker, n'a jamais atteint une importance plus majestueuse que le mouvement socialiste au XIXe siècle. Le mouvement a eu pour origine le mot d'un philosophe de l'économie politique : Adam Smith. C'est lui qui a affirmé que le travail est la mesure naturelle de la valeur. Trois hommes se sont emparés ensuite de l'idée géniale de Smith, trois hommes de nationalité différente :

Josah Warren, Américain; Pierre-J. Proudhon, Français; Karl Marx, Allemand. Mais tandis que les deux premiers arrivèrent aux mêmes conclusions, indépendamment l'un de l'autre, le troisième, Marx, se servit de la formule de Smith pour parvenir à des conclusions tout opposées.

« Tous les trois, cependant, commencèrent par déduire du principe énoncé par Smith — le travail est la mesure naturelle de la valeur (ou, comme dit Warren, la mesure de la valeur est donnée par le prix de revient du produit) — que la rétribution du travail doit consister dans le produit lui-même; que, d'autre part, le travail seul peut représenter une source légitime de richesse. Malheureusement, continue M. Tucker, la richesse individuelle peut avoir aujourd'hui des sources non légitimes, tels le profit, la rente foncière, l'intérêt. C'est sous cette forme d'usure que se pratique aujourd'hui l'exploitation du travail individuel. Elle tire sa raison d'être de la croyance que le capital peut prélever une portion du produit, tandis que le capital *n'étant que du travail accumulé qui a déjà reçu sa rétribution intégrale*, son emploi doit être gratuit, en vertu du principe que le travail seul est la mesure naturelle de la valeur. »

Il est facile de saisir le défaut fondamental de

ce raisonnement. Il pourrait, à la rigueur, s'appliquer à la terre, mais, dans le cas des machines ou de la monnaie, comment pourrait-on dire que le travail épargné, revêtant actuellement la forme de capital, a déjà reçu sa rétribution! Qui aurait pu fournir cette rétribution? La rétribution du travail épargné consiste, évidemment, dans le capital lui-même. Par conséquent, l'usage de ce dernier devrait être réservé à celui qui l'a produit. Et si d'autres veulent s'en servir?..... Mais il importe de ne pas s'arrêter à des questions doctrinales, vieilles, par surcroît, de plus d'un siècle. Je laisse la parole à M. Tucker.

« Le profit, la rente foncière, l'intérêt, dit-il, peuvent être perçus impunément parce que la loi en reconnaît la légitimité. La terre, les machines, la monnaie, ces trois facteurs essentiels de la production, sont actuellement monopolisés par une minorité privilégiée, grâce à la protection de la loi.

« Si la loi, soutenue par la force organisée, ne reconnaissait pas les monopoles dont jouissent les capitalistes et les propriétaires, les monopoles tomberaient nécessairement d'eux-mêmes. Il faut donc détruire l'outillage législatif qui est la base de tous les privilèges. Par quel moyen?

« Josah Warren et Pierre-J. Proudhon tombèrent d'accord sur ce point que la destruction d'une contrainte ne peut être que le résultat d'une résistance volontaire.

« Marx, au contraire, a jugé que les monopoles ne peuvent se détruire que grâce à l'organisation d'un seul et unique monopole, — le monopole de l'État. Ainsi naquirent le socialisme anarchiste et le socialisme collectiviste. »

Le problème ne saurait, à mon avis, être posé avec plus de clarté et de perspicacité. M. Tucker, mettant en présence les deux principes opposés de l'autorité et de la liberté, trouve que le collectivisme marxiste consiste dans un affermissement suprême de l'autorité. Il en est un adversaire déclaré. Le salut, suivant lui, est dans la concurrence libre, exempte de tout privilège légal. La liberté est l'unique antidote des monopoles actuels. Dans une société véritablement libre, le travail recevra intégralement la rétribution qui lui est due, car les capitalistes ne pourront plus faire descendre les salaires à des taux de famine, et les prix des marchandises ne seront plus chargés des bénéfices injustement réclamés par le capital. La terre, en outre, appartiendra à celui qui la cultive et seulement à lui, car les propriétaires ne pourront plus compter sur la rente foncière.

Je me souviens, à cet égard, d'avoir objecté à

M. Tucker que l'économie politique, en substance, demande exactement les mêmes choses que lui.

— « Du tout », me répondit M. Tucker d'une voix ferme et convaincue, « l'économie politique admet une liberté avantageuse seulement aux capitalistes et aux propriétaires : la liberté de réduire les salaires, non pas celle de réduire le profit ou la rente foncière. » Je me suis borné à riposter que M. Tucker aurait mieux fait de dire que telles étaient les opinions de certains écrivains qui ont dénaturé, plutôt qu'interprété, le sens intime de l'économie politique.

M. Tucker est un individualiste à outrance. Il voit dans l'État la source de toutes les injustices, si bien qu'il ne veut à aucun prix d'une organisation sociale basée sur l'élargissement du domaine de l'autorité de l'État. Les injustices doivent être abolies par la justice et non pas par une généralisation de l'injustice existante, car du fait que tous les hommes seraient également privés de leurs droits individuels, il ne s'ensuit pas que l'iniquité d'une privation pareille serait moindre.

Revenons donc aux différences profondes qui séparent le socialisme collectiviste du socialisme anarchiste. M. Tucker caractérise cet antagonisme entre les deux doctrines par des propositions antithétiques empruntées, en partie, aux écrits de M. Ernest Lesigne, qu'il cite, d'ailleurs :

« Il y a deux socialismes.

« L'un est communiste, l'autre solidariste.

« L'un est autoritaire, l'autre libertaire.

« L'un est métaphysique, l'autre positif.

« L'un est dogmatique, l'autre scientifique.

« L'un invoque la souveraineté sociale, l'autre n'accepte aucune souveraineté.

« L'un montre une foi absolue dans la violence, l'autre n'a confiance que dans les efforts personnels.

« Le premier entend que l'on prenne à chacun ce qu'il possède, le second veut que chacun possède ce qui lui appartient.

« Le premier n'a confiance que dans la lutte des classes, le second voit le progrès dans la coopération des classes.

« L'un veut entretenir tout le monde, l'autre veut que chacun travaille pour s'entretenir soi-même.

« Le premier dit :

« La terre à l'État.

« La mine à l'État.

« La machine à l'État.

« Les produits à l'État.

« Le second répond :

« La terre au cultivateur.

« La mine au mineur.

« La machine au travailleur.

« Le produit au producteur. »

En somme, l'un représente l'enfance du socialisme, l'autre sa maturité. Le premier est le passé du socialisme, l'autre en est l'avenir.

M. Tucker se déclare pour la maturité et l'avenir du socialisme. Aussi, est-il anarchiste.

Il est utile, maintenant, de suivre M. Tucker dans l'étude qu'il entreprend des problèmes sociaux. Dans le but de mieux préciser le fond de sa doctrine, je l'examinerai en exposant successivement ses idées sur les phénomènes essentiels de la vie individuelle et de la vie sociale; enfin j'indiquerai les moyens d'action suggérés par lui.

La vie individuelle.

La morale.

La morale est, sans conteste, le problème capital de la vie individuelle. Y a-t-il une loi morale?

Mind your own business, « Que chacun songe à ses propres affaires », — telle est la seule loi morale des anarchistes.

Quiconque se mêle des affaires d'autrui commet un abus, et la victime d'un tel attentat a le droit de réagir. Par conséquent, les anarchistes considèrent comme autant d'atteintes à la liberté les actes individuels ou les mesures autoritaires tendant à réprimer ce qu'on appelle aujourd'hui des vices.

Les anarchistes pensent que la liberté est le meilleur dérivatif du vice et, en vertu de cette même liberté qu'ils invoquent, ils accordent à chacun le droit de vivre comme bon lui semble. Les anarchistes contestent formellement qu'il puisse y avoir des obligations morales. S'il existe des obligations, ces obligations, loin d'être morales, ne peuvent être que sociales, mais sociales en ce sens qu'elles ont été librement contractées par des individus vivant l'un à côté de l'autre; si la volonté individuelle ne constitue pas la base de ces obligations, elles n'ont aucune valeur.

Grâce aux progrès accomplis graduellement dans la conscience individuelle, les hommes savent aujourd'hui qu'il est de leur intérêt autant que de leur devoir de suivre tranquillement leur chemin, sans empiéter sur le domaine de leurs semblables. La base fondamentale de la vie sociale, en somme, consiste dans le devoir que chacun a de respecter les droits des autres. C'est dans cet unique devoir envers soi-même que réside la loi morale des anarchistes. Elle ne comporte ni obligations, ni sanctions, car elle repose sur l'intérêt effectif de l'individu. L'individu qui manque à son devoir est le premier endommagé et n'est responsable qu'envers lui-même.

Aussi, répondant à une question que lui avait posée un lecteur de *Liberty*, M. Tucker a affirmé également que la doctrine anarchiste est nécessairement athéiste. Voici les termes exacts de la question et de la réponse.

« Si l'anarchie dont vous êtes l'apôtre, disait le lecteur, consiste dans l'abolition de toute loi et de toute autorité, sauf la loi de savoir se gouverner soi-même et de savoir limiter ses désirs (*self-government and self-restraint*), et si vous croyez qu'à l'aide de ces seules lois volontaires les hommes s'abstiennent de toute atteinte aux droits d'autrui, quelle différence y aurait-il entre une société basée sur ce principe et une société gouvernée par la loi divine qui nous commande d'aimer Dieu avec toutes nos forces et notre semblable comme nous-mêmes? »

M. Tucker répondit : « Une société basée sur le principe des obligations volontaires ne peut avoir rien de commun avec une société basée sur un commandement de la divinité : car le gouvernement de soi-même est incompatible avec le gouvernement émanant d'une loi quelle qu'elle soit, divine ou humaine. La formule : *Aime Dieu avec toutes tes forces*, implique l'existence de Dieu et, si Dieu existe, il ne peut être que l'ennemi de l'homme, car son autorité peut et doit s'exercer sur ce dernier. Je renie l'autorité de Dieu comme je renie toute autorité existant en dehors de moi-même. Quant à la deuxième partie de la formule : *Aime tes semblables comme toi-même*, je considère, déclara M. Tucker, qu'elle contient non pas un commandement, mais un conseil, car elle basée sur l'intérêt individuel. J'accepte ce conseil, non pas parce qu'il vient de Dieu, mais parce qu'il m'est suggéré par mon propre intérêt. »

Ainsi armé, l'individu n'a pas à redouter de défaillances : suivons-le maintenant dans le dédale des rapports sociaux.

La vie sociale.

La Famille, la Propriété, l'Etat, tels sont les phénomènes caractéristiques que l'ordre social a produits. M. Tucker les étudie au point de vue anarchiste.

La famille.

Il est évident qu'un individualiste comme lui ne saurait considérer la famille que comme un groupement dû à des engagements volontaires, librement pris et librement tenus. La liaison que contractent l'homme et la femme doit pouvoir être dissoute sans entraves d'aucune sorte. Quant aux enfants, M. Tucker pense qu'ils « appartiennent à leur mère jusqu'au moment où ils seront en mesure de s'appartenir à eux-mêmes ». Aussi, pourrait-on croire, à première vue, que M. Tucker se rallie à l'idée du matriarcat; mais, en tout cas, son matriarcat n'aurait rien d'autoritaire, son idée de donner l'enfant à la mère (*the children born of the love relations between independent individuals shall belong exclusively to the mother until old enough to belong to themselves*) revêtant plutôt un caractère négatif et visant à contester les droits du père, qu'admettent généralement les lois des pays civilisés.

Au sujet des obligations réciproques du mari et de la femme, M. Tucker s'en rapporte, comme pour les principes réglant la vie individuelle, à l'intérêt lui-même de l'individu. Il est de l'avantage de chacun d'accomplir son propre devoir.

Ainsi les enfants doivent être nourris par les parents et nourriront, à leur tour, leurs parents dans leur vieillesse. Il s'agit ici d'une loi naturelle, profondément humaine, qu'une intervention de la loi politique ne peut que dénaturer. En effet, s'écrie M. Tucker, à quoi servent les lois soi-disant protectrices de la femme ou des enfants, sinon à fausser l'esprit de famille, à faciliter les manquements à des promesses qui, étant souvent imposées, sont, par conséquent, d'autant moins sincères qu'elles n'avaient pas été librement faites? D'autre part, l'abolition des lois coercitives concernant le mariage et le droit familial tendrait également à éliminer le phénomène regrettable, et de nos jours inévitable, de la prostitution féminine, car la prostitution est, au moins en partie, la conséquence de la fausse conception de l'amour sexuel qu'engendrent ces mêmes lois.

Quoi qu'il en soit, l'anarchiste ne saurait s'arrêter aux rares éventualités qui paraissent, à première vue, devoir diminuer la valeur générale de ses constatations. Il peut y avoir des unions libres donnant de mauvais résultats, mais l'anarchiste n'a pas à se préoccuper de quelques faits isolés absolument insuffisants à amoindrir sa foi dans la liberté absolue de la vie familiale, comme de tous les rapports sociaux. Les étatistes ont le tort impardonnable de vouloir tabler sur des exceptions, trop peu nombreuses pour qu'elles puissent empêcher les grandes lois de la nature de faire leur chemin. Le principal grief de M. Tucker contre la manie législative des démocraties actuelles est précisément celui d'assimiler toute l'énorme masse des individus libres et honnêtes à l'infime minorité composée de criminels. Les lois, tout en étant dirigées, en apparence, contre ces derniers, pèsent effectivement, dit-il, sur tout le monde.

La propriété.

Le livre de M. Tucker est fait très souvent de demandes et réponses, de questions posées par des lecteurs de *Liberty* et auxquelles M. Tucker répond. Les unes et les autres visent des détails concernant les questions sociales et les difficultés d'ordre pratique qui se présentent à l'esprit des studieux. M. Tucker ne se montre nullement effrayé de ces questions, au contraire; la valeur d'une doctrine, suivant lui, se mesurant à son aptitude à résister au choc de la réalité.

« Croyez-vous, lui demanda un lecteur, qu'il existe une conception anarchiste du droit de propriété? »

M. Tucker répondit : « Oui, l'anarchie n'étant, au fond, que la réalisation de l'idée de liberté, la propriété, dans la société anarchiste, est destinée à compléter la liberté de l'individu. La seule forme de propriété admise par les anarchistes et qui est, d'après eux, conforme à l'idée de liberté individuelle, est celle qui assure à l'individu la libre disposition des produits de son travail ou de tout autre produit qui est parvenu en sa possession, sans fraude ou empiétement d'aucune nature ou en vertu d'un contrat librement conclu avec un autre individu. L'exclusion de la fraude ou de l'empiétement est une condition essentielle de la propriété envisagée par les anarchistes; mais, par ces mots, je n'entends pas seulement les actes malveillants ou criminels, ou les abus dont se rendent coupables les privilégiés de la fortune, mais aussi les prescriptions autoritaires ou législatives revêtant une forme violente quelle qu'elle soit. »

Voici la réponse de M. Tucker à une autre question.

« Je ne crois pas à un droit de propriété d'ordre métaphysique. La propriété est le résultat d'une convention sociale et peut assumer différentes formes. Cependant la seule forme viable de la propriété est celle qui est basée sur la liberté absolue des individus. La propriété, d'autre part, s'applique à tous les produits du travail indistinctement et, en ce qui concerne la terre, au terrain directement cultivé. »

L'aveu de M. Tucker au sujet du caractère éminemment social du droit de propriété a provoqué d'un autre lecteur une question précise.

« Vous dites, remarqua ce dernier, que le droit de propriété est une convention sociale. Il va de soi, par conséquent, que la société est tenue à en garantir l'exercice ou, en d'autres termes, que ce même droit n'aurait aucune portée effective si la société n'était pas en mesure de l'entourer de garanties. Cela implique donc l'existence d'une organisation sociale disposant de moyens d'action et de protection forcément autoritaires. Quels seront ces moyens dans une société anarchiste? »

La question était certainement embarrassante. M. Tucker a répondu :

Les anarchistes n'envisagent point un « droit » existant en lui-même, supérieur à l'intérêt individuel. Le droit de propriété, au contraire, « est une émanation directe de l'intérêt individuel. J'ai affirmé que ce même droit revêt, dans la pratique, la forme d'une convention sociale, parce que les anarchistes, tout en écartant la nécessité d'un pouvoir social destiné à en assurer l'exercice, visent l'époque où tous les membres de la société seront unanimes à l'admettre dans la plénitude de sa manifestation. Vous avez l'air de croire, continue M. Tucker, qu'à partir du moment où la société n'assurerait pas, par une voie autoritaire, l'exercice du droit de propriété, ce droit cesserait d'exister. Les anarchistes pensent, au contraire, qu'à ce moment seulement le droit de propriété existerait en entier, car la société basée aujourd'hui sur la violence et le privilège, c'est-à-dire le vol et l'empiétement, se serait alors transformée en une organisation volontaire de défense et de protection mutuelles. »

Pour M. Tucker, donc, le droit de propriété est, en quelque sorte, inné dans l'individu; il représente, suivant une définition récente, le prolongement de la personnalité humaine, mais reçoit sa sanction pratique dans la vie sociale. Le droit de propriété, d'autre part, sera d'autant plus complet qu'il y aura plus de liberté. Ainsi l'autorité sociale, loin d'être une sauvegarde pour le droit de propriété, comme le prétendait le lecteur de *Liberty*, n'en serait que l'ennemi.

On a remarqué que M. Tucker considère comme arbitraires, même les interventions législatives tendant à protéger effectivement telle ou telle forme du droit de propriété. *By fraud*, dit-il en parlant de la frauduleuse protection gouvernementale, *I do not mean that which is simply contrary to equity, but deceit and false pretence in all their forms.*

Partant de ce principe, il se déclare contraire aux brevets d'invention et aux droits d'auteurs tels qu'ils sont actuellement reconnus. Les privilèges actuellement accordés aux inventeurs et aux auteurs constituent, suivant M. Tucker, un monopole inique et pernicieux. L'effort accompli par ce genre de travailleurs ne mérite pas, en principe, d'être récompensé plus largement que tout autre effort humain d'une autre nature. En tout cas, la rétribution de leur travail ne doit pas être imposée, mais volontairement donnée. Lorsqu'un inventeur demande un brevet pour son invention, il le fait beaucoup moins pour se prémunir contre les contrefaçons d'autres inventeurs que pour rançonner à sa guise ses semblables. Les brevets représentent donc, plutôt qu'une garantie pour les inventeurs, une prime offerte à leur esprit anti-social, et l'abolition aurait l'avantage de ramener les prix des inventions à un niveau rationnel, en rapport direct, non plus avec la convoitise immodérée des inventeurs, mais avec le degré d'utilité sociale des inventions elles-mêmes. Il en est de même pour les droits d'auteur. Les écrivains comptent aujourd'hui beaucoup plus sur les avantages que de pareils droits leur rapportent que sur la valeur sociale de leurs ouvrages. A cause des droits d'auteur, les œuvres les plus utiles pour l'éducation intellectuelle ne peuvent être mises à la portée que d'un nombre restreint d'individus. D'autre part, les auteurs eux-mêmes sont victimes de ce privilège, car le prix courant de leur produit s'établit forcément d'une façon artificielle, c'est-à-dire en rapport avec des bénéfices problématiques à venir, dont le travailleur ne saurait tenir compte sans léser son propre intérêt. En effet, la perspective illusoire de ces bénéfices permet souvent aux éditeurs, de payer aux auteurs des prix inférieurs à la valeur effective de leur travail. La liberté, dans ce cas, comme dans tous les autres, est, d'après M. Tucker, le meilleur moyen de parer aux injustices et aux abus. Les anarchistes sont bien loin de contester le droit de propriété des auteurs et des inventeurs, mais ils leur refusent formellement le droit de lever des impôts sur l'usage d'une richesse qui doit être mise à la disposition de tout le monde, *to exact tribute from others for the use of this natural wealth which should be open to all.*

Un des écueils contre lesquels se heurte fatalement la doctrine de M. Tucker, qui attribue au producteur le droit absolu de propriété sur le produit de son travail, est la question du droit de propriété des instruments du travail, c'est-à-dire du capital ou de la terre. Nous avons vu que, en ce qui concerne la terre, M. Tucker en reconnaît la propriété à celui qui la cultive directement. Quant au capital, l'opinion de M. Tucker, ainsi qu'on a pu le remarquer plus haut, est quelque peu obscure. M. Tucker affirme, d'un côté, que le capital n'a pas droit à rémunération; d'autre part, il reconnaît que le droit de propriété du producteur peut s'étendre à toutes les formes de la production, car la conception anarchiste de la propriété s'applique à tous les produits du travail, quels qu'ils soient, au morceau de fer comme au lopin de terre : *Anarchistic property concerns only products, but anything is a product upon which human labor bas been expended, whether it be a piece af iron or a piece of land.*

Le problème prend une importance capitale en raison des nécessités modernes de la production agraire et industrielle, car, pour me servir des paroles de M. G. de Molinari, l'avenir appartient à l'entreprise collective et le jour viendra où l'entreprise individuelle, dans l'agriculture comme dans l'industrie, sera une rareté comme le rouet ou le métier à tisser à la main. Aucune branche de la production, pas plus l'agriculture et les professions libérales que l'industrie et le commerce, ne saurait échapper à l'invasion de cette forme progressive.

M. Tucker ne paraît pas, à vrai dire, trop préoccupé des problèmes qu'engendre cette tendance à la production collective; au moins, il ne le paraissait pas, il y a quelques années, lors d'une polémique qu'il eut avec le communiste Johann Most. Nous verrons que son opinion s'est quelque peu modifiée sous ce rapport.

M. Tucker écrivait, en 1888 : « L'argument le plus formidable porté par les socialistes collectivistes et les communistes contre l'anarchie est l'impossibilité d'éviter l'exploitation du travail, dans une production industrielle en grand, si le droit de propriété individuelle n'est pas aboli. Les anarchistes contestent avant tout que la production en grand soit nécessaire, dans notre vie économique. On peut, au contraire, concevoir aisément l'espérance d'une réaction en sens inverse, c'est-à-dire d'une simplification des moyens de production, de nature à pouvoir rendre de nouveau à l'individu sa productivité personnelle d'autrefois. »

Je me souviens d'avoir eu une longue conversation, sur ce sujet, avec M. Tucker. « Quoi qu'il en soit, s'écria-t-il, j'ai une confiance inébranlable dans l'esprit d'association volontaire des travailleurs, lorsque la vie économique sera débarrassée de toute entrave. Aujourd'hui les capitalistes centralisent la production à leur profit exclusif; dans une société libre, la centralisation, si elle est nécessaire, aura lieu au profit des travailleurs. Mes griefs contre le capital visent seulement les privilèges que la loi accorde aux capitalistes et qui tendent à faire du capital une source de revenu indépendamment du travail. »

Les syndicats de petits propriétaires cultivateurs, en vue d'utiliser en commun les moyens d'exploitation intensive de la terre, réaliseraient, sous ce rapport, l'idéal économique de M. Tucker en ce qui concerne l'agriculture. Malheureusement, le problème reste ouvert en ce qui a trait à la grande industrie. Mais M. Tucker nous dira plus loin que le remède aux dangers que peut présenter la concentration industrielle réside dans la liberté absolue de la circulation fiduciaire.

M. Tucker admet donc la propriété individuelle; il admet et désire, pour le bien de l'individu, la vie familiale; il est naturel qu'il reconnaisse ensuite le droit à la transmission héréditaire. Cependant, suivant lui, cette transmission doit être volontaire et ne reposer sur aucun droit de succession, quel qu'il soit.

Pour lui, l'héritage est un acte de donation librement accompli. D'ailleurs, la question ne le préoccupe pas excessivement, étant donné que la liberté économique, pratiquée dans sa plus ample expansion, ne permettra pas normalement l'accumulation des richesses.

L'État.

Lorsque M. Tucker prononce le mot « Etat », son accent devient méprisant, son geste plus énergique encore que d'habitude, et ses yeux ont des éclairs qui révèlent la révolte de l'âme. « L'Etat, oh! l'État! Voulez-vous voir ce qu'est l'État? me dit-il un jour; venez avec moi. » Et nous sortîmes dans la rue. Le bureau de M. Tucker était alors situé Park Place, dans la ville basse. Nous nous trouvâmes de suite au milieu du brouhaha de Broadway, en face de l'hôtel des Postes. En descendant vers la Batterie, M. Tucker me montrait du doigt les énormes bâtiments où résident les principaux *trusts*. A gauche, après le tournant de Wall Street, le spectacle de l'opulence américaine devenait de plus en plus imposant : le *Stock Exchange*, le siège de la banque Pierpont Morgan, les bâtiments de la *Standard oil Company*, ceux de l'*Atlantic Building* où se trouvent les bureaux du *trust* de l'Océan, le *Cotton Exchange*, le *Corn Exchange*, et toute la théorie des bâtisses renfermant les entreprises les plus variées. « Vous voyez, me disait M. Tucker, ceci est l'œuvre de l'Etat. Œuvre grandiose, en vérité, mais éminemment anti-sociale. C'est aux monopoles que l'État lui assure, que ce monde de financiers et de spéculateurs doit son énorme richesse, faite de la misère effrayante d'autres hommes. Et maintenant, allons ailleurs. »

Je remontai avec mon guide le dédale des rues transversales qui ramènent à Park Row, et nous fûmes bientôt en plein *Bowery*.

Ici le milieu est tout différent. Je n'ai rien vu de plus écœurant que les quartiers dont l'ensemble forme ce qu'on appelle *Bowery*, à New-York. Le mot de « bowery » vient du mot flamand *boer* ou *boor*, qui signifie paysan. En effet, le *Bowery* était autrefois le quartier des ouvriers agricoles, lorsque, avant la guerre de l'Indépendance, l'élément hollandais prédominait dans le territoire de New-York et que l'Hudson était bordé de champs et de pâturages. Aujourd'hui c'est le quartier des miséreux et des *unskilled laborers* de toutes les nationalités. Nous parcourûmes ainsi Chatham, Baxter, Nulberry, Mott Streets, et partout le spectacle était le même. Italiens ou Polonais, Chinois ou Juifs, les habitants de ces quartiers étaient tous également misérables.

« Ici, me dit M. Tucker, on meurt de faim. La mortalité, dans ces quartiers, atteint des proportions fabuleuses : 36 et même 38 par mille et, pour les enfants au-dessous de cinq ans, 140 et 146 par mille. » Comme je manifestais ma stupeur, M. Tucker m'interrompit : « Ne plaignez pas ceux qui meurent. Ils sont plus heureux, hélas! que ceux qui restent. » Et il me conduisit voir les *shops* de Jewtown, où s'épuisent les victimes du *sweating*, recousant des pantalons à 45 centimes la douzaine; et les sombres mansardes où de petites filles, déjà vieilles à quinze ans, travaillent dans la couture, pour quelques sous, depuis cinq heures du matin jusqu'à dix heures du soir. « Car, s'il est entendu que le salaire des hommes ne peut pas descendre au-dessous d'un minimum donné, je vous assure, observa M. Tucker, que le salaire des femmes n'a pas de minimum. »

A la vue de ces créatures émaciées, dont le regard se perdait dans le vague, ma pensée allait aux vers émouvants de Thomas Hood :

O men, with sisters dear!
O men, with mothers and wives,
It is not linen you' re wearing out!
But human creatures lives!

Stitch! Stitch! Stitch!
In poverty, hunger and dirt;
Sewing at once, with a double thread
A shroud as well as a shirt.

Nous allâmes visiter les prisons et les tribunaux, plantés tous là-bas, comme autant d'étapes sur la route. Et nous vîmes les baraques où s'entassent des familles entières dans une promiscuité immonde; et les bars où les *trusts* de l'alcool ravagent le corps du travailleur et empoisonnent sa conscience; et tant et tant d'autres misères, au milieu desquelles se répercute sinistrement le cliquetis des dollars qui résonne dans le voisinage. Mon âme s'égarait....

« Eh bien, mon ami, s'écria M. Tucker, tout cela est l'œuvre de l'État, de l'autorité qu'il incarne, de la contrainte qu'il pratique, de la démoralisation qu'il provoque. J'ai lu quelque part, sur le fronton d'un hôpital, une inscription conçue à peu près comme ceci :

This hospital a pious person built,
But first he made the poor wherewith to fill't.

« Cet hôpital a été érigé par une personne pieuse, mais qui avait d'abord ruiné les pauvres diables destinés à le remplir! »

« Ainsi procède l'État. Par ses lois, ses violences, ses atteintes à la liberté, il cause le désordre, produit la misère, pousse à la haine et au crime; puis, il assume généreusement la tâche de protecteur, de médecin des maladies dont il est lui-même, lui seul, la cause. Quelle générosité, n'est-ce pas? »

Protester, formuler des objections banales m'eût paru, ce jour-là, une offense à la pureté des convictions de mon interlocuteur.

« Le mot « État » est sur toutes les lèvres, continua M. Tucker, mais combien peu de gens se rendent véritablement compte de ce que l'État représente en réalité. Les anarchistes, dont le but essentiel est d'éliminer de la vie sociale toute cause d'injustice, remarquent dans l'État deux qualités essentielles : en premier lieu celle d'agresseur, en second lieu celle de maître absolu. »

Ainsi pense de l'État M. Tucker et, naturellement, il est amené à lui refuser toute fonction sociale. Les fonctions de protection attribuées à l'État sont, suivant lui, des fonctions secondaires et même contradictoires, des *afterthoughts*, pour me servir de son mot; et leur attribution à l'État, quoique effectuée en vue de consolider la situation de celui-ci, ne représente effectivement qu'un commencement de destruction de l'État : *defence was an afterthought, prompted by necessity; and its introduction as a State fonction, though effected doubtless with a view to the strengthening of the State, was really and in principle the initiation of the State's destruction.*

Le fait que, de nos jours, on essaie d'augmenter, autant que possible, le nombre des fonctions protectrices de l'État, prouve, aux yeux de M. Tucker, une tendance vers l'abolition de l'État, car les fonctions agressives seules constituent la véritable raison d'être de celui-ci. Agression, empiétement, gouvernement, sont trois termes inséparables.

Quiconque gouverne, contrôle et, par conséquent, viole la liberté d'autrui; d'autre part, le caractère de ces actes arbitraires ne saurait changer grâce seulement à la forme extérieure du gouvernement. La violence ne cesse jamais d'être telle, qu'elle soit l'œuvre d'un individu dirigée contre un autre individu, comme dans le cas des criminels ordinaires, ou d'un seul individu contre tous les autres, comme dans le cas des gouvernements autocratiques, ou de la majorité des individus contre la minorité, comme dans le cas des gouvernements démocratiques. Dans tous ces cas, la résistance opposée à la violence, sous quelque forme que cette résistance se manifeste, n'est pas elle-même une violence, mais un acte de légitime défense.

Un jour, un lecteur de *Liberty* posa à M. Tucker la question suivante :

« Si le gouvernement se renfermait dans ses fonctions de protecteur de la liberté de tous les membres de la collectivité, auriez-vous tout de même l'envie de le détruire? »

Voici la réponse :

« Les anarchistes n'auraient rien à dire contre un gouvernement pareil; mais, pour réaliser ce beau rêve, le gouvernement devrait cesser d'être lui-même, car tout gouvernement est basé sur l'autorité, et le principe d'autorité est la négation de l'idée de protection. »

M. Tucker objecte précisément que la protection que l'Etat peut nous fournir est une protection imposée et non demandée; elle contient donc, en elle-même, la source de son inefficacité. La protection est un service comme un autre, qui, par conséquent, dans une société vraiment libre, devrait être soumis à la loi de l'offre et de la demande. Si le marché était débarrassé de toute entrave artificielle, nous pourrions nous procurer cette protection, dans le cas où nous en aurions besoin, à des prix variables et toujours avantageux. Malheureusement, l'État a monopolisé la production de cette protection et, comme tous les monopoleurs, il nous livre de la camelote au lieu de bonne marchandise — et cela à des prix exorbitants. De même que les accapareurs de vivres vendent souvent du poison en guise d'aliments, l'Etat profite de son monopole pour livrer des empiétements au lieu de secours et, comme les clients des premiers paient pour être empoisonnés, ceux du second paient pour être asservis. En outre, la canaillerie de l'État dépasse de beaucoup celle de tous les autres accapareurs, car c'est lui, et lui seul, *in æternum*, qui a le droit de nous fournir sa marchandise et de nous forcer à l'acheter.

On nous représente l'État comme un organe de paix sociale. Mais où est-il, cet État idéal et invraisemblable? M. Tucker ne voit autour de lui que des États autoritaires, usurpateurs, protecteurs de tous les privilèges, et cela lui fait croire que l'État ne peut pas être autre chose qu'un agresseur et un ennemi de la liberté individuelle. Cependant, dans certains psssages de son livre, M. Tucker fait vaguement allusion à la possibilité de l'intervention de l'État, pendant qu'il existe, *while existing*, dans le but d'assurer la liberté de chacun, cela, naturellement, en manière de pis aller. J'en ai fait la remarque à M. Tucker.

« On dirait que vous êtes un simple anarchiste réformiste », lui dis-je.

Il eut un sourire significatif.

« Je vous ai déjà déclaré, me répondit-il, que je considère l'attribution à l'État des fonctions de protection comme un acheminement vers l'abolition de l'État.

— Et si on vous proposait une place dans le gouvernement dans le but d'accroître le nombre de ses fonctions protectrices, lui demandai-je à brûle-pourpoint, accepteriez-vous de devenir ministre?

— Jamais! Les anarchistes n'ont rien à faire là où l'on donne des ordres. »

La figure de mon interlocuteur s'assombrit soudainement...

M. Tucker appelle un empiétement l'intervention de l'État lorsque celui-ci prétend protéger la production économique d'un pays. « La protection douanière, dit-il, oblige des travailleurs à payer des droits usuraires non pas seulement pour l'emploi du capital, mais aussi pour le mauvais emploi du capital. » La liberté absolue du commerce est, par conséquent, une des données fondamentales de la doctrine anarchiste. M. Tucker voit le salut seulement dans la concurrence illimitée du travail, dans la lutte constante pour le progrès. Tout ce qui a une origine autoritaire, qui sert les intérêts d'une partie seulement de la collectivité, fût-ce même de l'immense majorité des membres de cette dernière, lui semble une usurpation et une injustice.

Aussi opposera-t-il, par exemple, à l'instruction obligatoire, qui est contraire à l'esprit anarchiste, « *compulsory education is not anarchist* », l'instruction librement donnée par les personnes qui se dévouent spontanément à l'enseignement.

« Croyez-vous comme anarchiste, lui demanda un lecteur, que l'emploi de l'influence morale soit admissible pour amener quelqu'un à faire ce qui vous paraît être le meilleur?

— Certainement, répondit M. Tucker, j'admets l'influence de la persuasion, de l'attraction, de l'éducation, de l'exemple; surtout l'influence de l'exemple et des résultats obtenus. »

Et, pour les mêmes raisons, il opposera la contribution volontaire, ayant en vue une œuvre d'intérêt commun, à l'impôt obligatoire. Il existe, néanmoins, certaines œuvres, dont l'avantage d'ordre général n'est pas démontré, à première vue, aux yeux des intéressés et qu'il est néanmoins utile, et souvent indispensable, d'effectuer. Comment amènera-t-on des particuliers à sacrifier ainsi leur intérêt immédiat à un intérêt général et plus éloigné? La question est extrêmement délicate et, dans tous les pays civilisés, a été tranchée, comme on sait, par des lois d'expropriation forcée pour cause d'utilité publique. Sur ce sujet, l'assurance de M. Tucker ne me parut pas complète. Au cours d'une conversation, il m'avoua que c'est là, à son sens, la seule difficulté pratique à laquelle se heurte la doctrine anarchiste. J'ai dû le rassurer moi-même.

« Ne vous inquiétez pas, lui dis-je. Lorsque la liberté sera entière, si jamais elle l'est, les œuvres auxquelles vous faites allusion ne se feront pas moins qu'aujourd'hui, au contraire; leur choix sera d'autant plus rigoureux qu'elles seront suggérées par l'intérêt commun et seulement par lui. »

La libre association des individus prendra la place, suivant M. Tucker, de l'agglomération artificielle et inorganique qui a l'État à sa tête. La liberté en sera la base, comme la coopération volontaire en sera la manifestation naturelle. Cette coopération se manifestera dans les œuvres de production comme dans les œuvres de défense mutuelle. Les individus se défendront de toute attaque extérieure, quoique le besoin, suivant M. Tucker, n'en doive être que transitoire. « Nous approchons, dit-il, du moment où l'on n'aura plus besoin de la violence, pas même pour combattre le crime, car le crime disparaîtra avec la disparition de l'État. » Cependant, M. Tucker ne voit pas d'inconvénient à l'institution d'un jury, non permanent, dont les membres seraient, chaque fois que la nécessité s'en présente, tirés au sort par des délégués de la collectivité.

« Mais, dans ce cas, lui objectai-je, la méthode du tirage au sort aurait le caractère d'une loi et les délégués au tirage devraient posséder l'autorité nécessaire pour en imposer le respect. »

M. Tucker haussa les épaules.

« Pensez-vous vraiment, dit-il, que beaucoup de gens s'opposeront à ce semblant de loi qui, d'ailleurs, n'en est pas une, car elle contient la garantie des droits de chacun? »

Au cours de la discussion, M. Tucker m'avoua que, pour son compte, il ne verrait pas d'un mauvais œil la création de ces « compagnies de justice » dont parle M. G. de Molinari dans son admirable *Esquisse de l'organisation politique et économique de la société future*[1]. Ces compagnies, établies sur la base de la libre concurrence, se chargeraient, moyennant des contributions volontaires, de veiller à la protection de la vie et de la propriété des individus. Elle revêtiraient le caractère de cours permanentes d'arbitrage, statuant

1. Paris, 1899.

aussi bien sur le fait que sur le droit. Le droit judiciaire jaillirait, ainsi, d'une émulation féconde entre les juges. Les compagnies de justice se chargeraient également de l'exécution des sentences civiles et de la punition des criminels, car l'idée de punition est, en principe, admise par M. Tucker. La peine capitale elle-même lui semble conforme aux idées anarchistes, puisque la société, en prononçant une condamnation à mort, ne commet pas un assassinat, mais un acte de défense.

Verrons-nous jamais une société sans Etat? M. Tucker pense que oui. Nous allons examiner comment il voudrait en préparer l'avènement.

L'action anarchiste.

La preuve du caractère éminemment pratique de la doctrine anarchiste doit être faite, dit M. Tucker, au milieu même de la vie réelle. Il considère, par conséquent, comme fallacieuses les expériences de soi-disant colonies anarchistes, où des individus choisis et illuminés vivent en dehors du monde : dans ces colonies il n'y a pas de vie sociale effective et la doctrine anarchiste y reçoit une application aussi chaotique qu'on aime, généralement, à se la représenter. « Si, au contraire, continue textuellement M. Tucker, dans une grande ville où seraient représentés les différents intérêts et les traits caractéristiques de notre civilisation si hétérogène, un noyau d'anarchistes actifs et intelligents, appartenant aux différents métiers et aux différentes classes, se proposait d'effectuer la production et la distribution de la richesse sur la base du droit au produit intégral du travail; et si, en outre, en opposition ouverte avec les prescriptions édictées pour l'en empêcher, il créait une banque qui mettrait à la disposition de tous les travailleurs des capitaux sans intérêts pour activer leurs affaires; s'il employait son capital toujours croissant à subventionner de nouvelles entreprises, d'où quiconque y prendrait part retirerait les avantages de ce système de libre circulation des richesses produites : quelle serait la conséquence de cette initiative? En peu de temps, tous les membres de la collectivité, les intelligents et les bornés, les bons, les mauvais, comme les indifférents et les incrédules, seraient frappés de ses bienfaits et, en nombre de plus en plus grand, ils profiteraient de la nouvelle organisation de la vie économique. Tout le monde toucherait intégralement le fruit de son effort, personne ne pourrait plus vivre du travail des autres ni des revenus de son capital, et toute la cité serait devenue une immense ruche d'ouvriers anarchistes, d'hommes libres et prospères. »

Tel est le but que poursuit activement M. Tucker par sa propagande. « La réalisation de mon plan sera aussi lente que nécessaire, dit-il, mais, en tout cas, je ne saurais guère m'intéresser à des entreprises effectuées loin du peuple que je rencontre tous les jours dans les rues. »

Le moyen essentiel que suggère M. Tucker consiste dans la liberté absolue de la production et de la circulation des richesses. Chacun doit avoir le droit d'émettre de la monnaie revêtue de sa signature et représentant soit un travail effectué, soit un moyen de donner naissance à une entreprise productive. En substance, M. Tucker suit, sur ce terrain, la trace de Proudhon. Comme ce dernier, il pense que l'*organisation du crédit* est la question capitale dont la résolution comportera spontanément celle des autres problèmes. Le crédit doit être universel et gratuit; chacun a droit au crédit. Aussi, l'organisation du crédit doit-elle être arrachée des mains de l'État ou de ses émissaires, qui ont seuls aujourd'hui le monopole de la monnaie, et confiée à des hommes libres. Une banque d'échange, opérant sans capital, et au seul moyen d'un papier social qui remplace le numéraire, et qui représente les services échangés, ferait toutes les opérations ordinaires d'une banque, mais avec une libéralité sans bornes et sans restriction d'aucun genre.

« Alors, dit M. Tucker, par l'effet de la concurrence entre les producteurs, le taux du capital baisserait jusqu'à la valeur des seuls frais d'exploitation, c'est-à-dire au-dessous de un pour cent, puisque les capitalistes, dans le sens actuel du mot, ne pourraient plus subsister, tout le monde étant en mesure de produire librement le capital dont il a besoin. »

La liberté de battre monnaie et de créer des banques de circulation, « *free money and free banking* », est, pour M. Tucker, la réforme capitale, « *the most important reform* », vers laquelle doivent tendre les efforts des anarchistes.

« En réalité, lui dis-je un jour, lorsque une liberté pareille existera, la circulation des richesses produites pourra s'effectuer d'une façon plus rapide, et aucune des initiatives fécondes de l'activité humaine ne serait perdue faute de moyen d'exécution. Mais pourtant, dites-moi, la liberté du crédit n'existe-t-elle pas aujourd'hui même? Qui peut m'empêcher, moi, d'émettre du papier non pas monnayé, au sens véritable du mot, mais représentant un engagement réel de ma part; des lettres de change en somme? — Personne. L'essentiel est de trouver qui les prendra.

— *That is the question.*

— Justement. Et croyez-vous que, grâce à la libre organisation du crédit, je trouverai alors à placer *n* bons d'échange, plus facilement qu'aujourd'hui *n* billets?

— Naturellement, fit-il. D'abord, parce que ces bons d'échange seront les seuls titres effectifs de richesse, tandis qu'aujourd'hui les billets personnels doivent être échangés contre la monnaie, dont la circulation est monopolisée. Puis, parce que personne ne pourra vous refuser vos bons, du moment que tout le monde aura le droit d'en émettre.

— J'avoue, cher maître, lui répondis-je à la fin, que je ne saisis pas trop bien comment tout cela pourra se passer. J'ai bien peur que vous n'attribuiez à vos *bons d'échange* le même rôle économique que Law attribuait à ses papiers coloriés. Au demeurant, l'échec de l'expérience que Proudhon fit en 1848 ne vous effraie-t-il pas?

— Vous verrez que ce sera tout autre chose, riposta M. Tucker.

— Eh bien, nous verrons. »

« L'abolition de l'État, s'écrie M. Tucker, ne peut être le résultat que d'une révolution sociale. »

Mais la révolution sociale, pour M. Tucker, doit se faire par l'opposition d'une résistance passive à l'autorité. « La résistance passive, dit-il, est l'arme la plus puissante que l'homme ait jamais maniée dans la lutte contre la tyrannie. » Elle est, suivant lui, la seule résistance qui ait des chances de succès, dans notre société à base de subordination militaire et bureaucratique. Dans tout l'univers civilisé, il n'y a pas un seul tyran qui ne préférerait anéantir brutalement une révolution sanglante plutôt que de voir une grande partie de ses sujets décidés à ne plus lui obéir. Une révolte est facilement étouffée; mais il n'est point d'armée qui puisse se résoudre à pointer ses canons contre une foule d'hommes paisibles qui renoncent à leurs droits d'électeurs, qui ne répondent pas à l'appel de la conscription, qui refusent de payer les impôts. « On ne peut lutter contre les empiétements de l'autorité ni en votant, ni en jetant des bombes, ni en tuant des rois. Mais dès qu'un nombre imposant d'hommes décidés et dont l'incarcération paraîtrait risquée, fermerait tranquillement sa porte au nez du percepteur des impôts, comme au nez de l'agent du propriétaire qui lui réclame le loyer ou le fermage; dès qu'il ferait, en outre, circuler, en dépit des lois, sa propre monnaie, supprimant ainsi l'intérêt dû au capitaliste, le gouvernement, avec tous les privilèges qu'il incarne et tous les monopoles qu'il engendre, serait bientôt anéanti. »

M. Tucker a eu à soutenir des polémiques violentes contre des communistes partisans de la propagande par le fait, qui l'appelaient *kid-gloved anarchist*, d'après le mot de Thackeray. « Appelez-moi comme vous voulez, leur répondit-il fièrement, je ne bougerai pas de ma place pour cela. J'affirme que la violence est stérile en elle-même. Vous usurpez le nom d'anarchiste et le souillez par vos actes ignominieux et imbéciles. »

La parole et la presse sont, pour M. Tucker, les seuls moyens efficaces de propagande. Il n'approuve la violence que dans le but d'assurer la liberté de la parole et de la presse. Cependant, même dans ce cas, il ne faut user de la violence qu'à la dernière extrémité. Si le médecin voit que l'acuité des douleurs ruinerait les forces d'un malade assez rapidement pour qu'on pût craindre la mort, avant que les remèdes appliqués aient agi, alors il ordonne l'éthérisation. Mais un bon médecin ne s'y résout qu'à contre-cœur, car il n'ignore pas qu'un des effets de l'éthérisation est de neutraliser souvent l'action des remèdes employés. Il en est de même pour l'usage de la violence dans la propagande pour le progrès social. Quiconque la prescrit sans discernement et comme une panacée, quiconque en use frivolement et sans nécessité, est un charlatan. C'est pourquoi il ne faut employer la violence contre les représentants de l'autorité que si ceux-ci ont rendu impossible toute agitation pacifique. L'effusion du sang est un mal en elle-même; cependant son emploi est justifié si toute agitation loyale et ouverte nous est rendue impossible.

La résistance passive; la grève pacifique des fonctions actuellement attribuées aux citoyens; le refus du paiement de l'impôt; le refus du service militaire; le mépris opiniâtre de toute loi et de toute sommation du pouvoir : tels sont les moyens de propagande que propose M. Tucker et auxquels il s'efforce, par la parole et la pensée, d'amener des adhérents. Comme sa doctrine est basée exclusivement sur la liberté individuelle la plus absolue, son action pratique est entièrement tournée vers la révolte *raisonnée* contre l'autorité, qui est l'ennemie naturelle de cette liberté convoitée. C'est sous cette forme seule qu'il approuverait le mouvement syndical ouvrier, aujourd'hui exclusivement absorbé, dit-il, ou par des préoccupations d'opportunité politique ou par des questions de salaire.

Les questions relatives au salaire et à la durée

du travail, affirme-t-il, tomberaient d'elles-mêmes, si les travailleurs, loin d'en faire le pivot de leur agitation, les éliminaient naturellement par une entente formelle sur l'organisation libre du crédit.

Conclusion.

Me voici au terme de mon exposé de la doctrine de M. Benjamin R. Tucker. Comme on m'en voudrait, peut-être, de ne pas cataloguer cette doctrine, au milieu de tant d'autres, je dirai que son auteur est, à mon sens, un individualiste-solidariste-immoraliste. Il est individualiste parce qu'il n'admet pas qu'il existe d'entrave à l'activité individuelle, l'idée d'autorité étant énergiquement repoussée par lui. Il est solidariste, parce que l'avantage individuel est, pour lui, inséparable de l'avantage social. Il est, enfin, immoraliste, parce que l'idée morale ne se dégage, suivant lui, que de l'intérêt individuel. Aime ton prochain, dit-il, autrement ton prochain ne t'aimera pas. Respecte la liberté de ton voisin si tu veux que ton voisin respecte, à son tour, ta propre liberté. La conception morale de M. Tucker étant basée sur l'intérêt personnel, ne saurait, comme je l'ai dit précédemment, ni engendrer d'obligations ni recevoir de sanctions; d'autre part, sa conception sociale, qui est une conséquence nécessaire de la première, émane de l'harmonie des activités individuelles où doit spontanément se retrouver l'utilité de tout le monde.

L'individualisme de M. Tucker diffère profondément des théories qui ordinairement prennent ce nom. Il en diffère précisément à cause de son caractère solidariste. Les formules rigides et implacables qui jaillissent de la théorie de la sélection naturelle ou de la lutte pour l'existence lui paraissent suprêmement erronées. Ni les héros de Carlyle, ni les surhommes de Nietzsche n'ont de charme pour M. Tucker. Ils sont, pour lui, des êtres antisociaux, dans l'œuvre desquels doit fatalement sombrer l'individualité de tous les autres hommes. Or, c'est l'individu considéré dans toutes les personnalités humaines, sans distinction aucune, que vise la doctrine de M. Tucker. Et, sous ce rapport, elle est, à mon sens, foncièrement américaine. Elle redoute les grandes individualités isolées qui, tout en sortant de la masse, tendent fatalement à l'asservir; elle envisage, par contre, la formation d'une humanité moyenne exempte de toute servitude. M. Tucker croit que l'admiration illimitée pour les hommes supérieurs, hors pair, est une caractéristique des époques de décadence. Les grands conquérants, les grands inventeurs, les grands explorateurs, les génies, en somme, de toutes les catégories, représentent des phénomènes humains, non pas l'humanité. L'humanité se rencontre dans l'homme modeste, dans le travailleur, dans le père qui aime ses enfants, dans le fils qui aime ses parents, dans le mari qui aime sa femme, dans la jeune fille qui parsème de grâces le chemin rocailleux de la vie, dans la mère qui consacre toute la douceur de son âme au bonheur de sa famille.

L'idéal de M. Tucker a trouvé un chantre éloquent dans le poète de la démocratie américaine, Walt Whitman. La muse idéalise ainsi, sur le même sol, la vitalité féconde et tout américaine, comme je viens de le dire, de la sociologie nouvelle.

« Je planterai des amitiés, dit le poète, aussi épaisses que les arbres qui bordent les rivages des fleuves et des lacs américains, ou sillonnent les vastes prairies. Je bâtirai des cités indivisibles, se serrant dans leurs bras. Grâce à l'amour des camarades, grâce à l'amour viril des camarades. »

I will plant companionship thik
As trees along all the rivers of America,
And along the shores of the great lakes,
And all over the prairies.

I will make inseparable cities,
With their arms about each other's neck ;
By the love of comrades
By the manly love of comrades [1].

Les trusts.

Toujours dans le but de faire ressortir, autant que possible, la physionomie exacte de la doctrine de M. Tucker, qui, loin de fuir les problèmes de la vie réelle, cherche à les étudier et à les approfondir dans tous leurs détails, il me semble intéressant de rapporter l'opinion des anarchistes intellectuels des États-Unis, au sujet d'une des questions qui passionnent le plus, actuellement, le monde économique et politique du Nouveau Continent : la question des *trusts*.

Par une belle soirée de juin, je me rendis à une des réunions intimes qu'organise M. Tucker avec ses amis et disciples. On s'était donné rendez-vous, ce jour-là, le long des rives de l'Hudson, sur les hauteurs silencieuses de Washington Heights. La lune éclairait le paysage de sa lueur blanche et tranquille. En face de nous, de l'autre côté de la rivière, les villas sardanapalesques des milliardaires nous lançaient des regards de pitié. Derrière nous, surgissant somptueusement au-dessus des

1. *Leaves of Grass*, Philadelphia, 1900.

cimes verdoyantes d'innombrables arbres géants, les coupoles de la Columbia University paraissaient, au contraire, nous envoyer des encouragements bénévoles. Un calme souverain dominait dans ce coin perdu de la ville énorme, interrompu seulement, de temps en temps, par les éclats de rire argentins des couples amoureux qui flirtaient sur le gazon, ou les cris de joie partant des bateaux qui traversaient le fleuve et qui passaient devant nous comme autant de feux follets dansant sur la surface noire des eaux.

Nous nous étendîmes sur l'herbe.

« Le sujet que nous devons traiter ce soir, commença par dire M. Tucker, est des plus sérieux. Une exaspération immorale de l'individualisme sévit sur la société américaine, et il importe que les anarchistes essayent de ramener l'individualisme à ses bases morales. Quelle doit être notre attitude à l'égard des trusts? »

La discussion dura, animée, pendant plus de quatre heures. M. Tucker la résuma par les paroles suivantes :

« Je crois utile de formuler, avant tout, certains principes qui se dégagent de mes doctrines et qui s'appliquent au cas qui nous occupe. La liberté de la coopération doit être aussi illimitée que la liberté de la concurrence. La coopération, d'ailleurs, est, en quelque sorte, une forme de la concurrence, comme la concurrence est, à son tour, une forme de la coopération. La coopération et la concurrence étant également des produits de la liberté individuelle, l'anarchie doit considérer comme arbitraires toutes les lois, toutes les interventions individuelles ou collectives destinées à en empêcher l'épanouissement. Sous ce rapport, les trusts en eux-mêmes sont, pour les anarchistes, des institutions irréprochables. Empêcher donc les trusts de se former, est un acte contraire à la liberté, car les trusts n'éliminent pas la concurrence en tant que combinaisons libres de plusieurs entreprises existantes; ils constituent plutôt une affirmation de la concurrence, car ils sont en mesure de vendre meilleur marché que les autres. Si cela représentait une entrave à la libre concurrence, toute entreprise industrielle remportant du succès sur le marché en serait une. Il serait fallacieux de vouloir défendre à M. Rockefeller d'ouvrir un grand magasin d'épicerie seulement parce que, avec ses cinq cents millions de dollars, il peut s'amuser à vendre au-dessous du prix coûtant pendant un certain temps et jusqu'au moment où ses concurrents seraient ruinés, dans le but de devenir ensuite le maître incontesté du marché. Ainsi, comme on ne pourrait raisonnablement empêcher M. Rockefeller de faire l'épicier, on n'a pas le droit de l'empêcher d'être le maître du trust du pétrole. Mais la question essentielle est ailleurs. Il y a sûrement eu, précédemment, une intervention arbitraire tendant à entraver la liberté de la concurrence, parce que, autrement, M. Rockefeller ne pourrait pas aujourd'hui posséder ses cinq cents millions de dollars, ou être le seul à en posséder autant, de pareilles accumulations de richesse n'étant pas admissibles dans une vie économique libre ou, en tout cas, étant aussi possibles pour M. Rockefeller que pour tous les autres individus vivant dans la même société que lui. Les restrictions législatives contre les trusts sont injustes et ridicules en elles-mêmes. Les trusts sont une filiation directe de l'État. Leur origine doit être recherchée dans les droits de douane, dans les brevets d'invention, dans les marques de fabrique. Pourquoi l'État, qui garantit, par son autorité et par sa force, ces privilèges, interviendrait-il pour détruire son œuvre ? Il est vrai que la fonction de donner et reprendre est parmi les plus coutumières de cette stupide institution qu'on appelle l'État.

« Qu'on nous dise, avant tout, si les droits protecteurs, les brevets, les marques de fabrique sont oui ou non conformes à la justice. Si oui, pourquoi empêcher qu'ils produisent leurs conséquences les plus naturelles? Si non, pourquoi les maintenir en vigueur?

« En examinant attentivement le problème, nous nous apercevons précisément que les trusts ne sont point le résultat de la concurrence, mais plutôt le résultat d'une entrave systématique à la liberté de la concurrence. Ils sont les enfants des monopoles, des privilèges dont je viens de parler. Et les anarchistes à qui incombe le devoir de lutter sans répit contre les monopoles de toutes sortes, entendent étudier le cas des trusts et proposer des remèdes à la situation qu'ils ont créée. »

M. Tucker rappela ensuite les raisons qu'il oppose au maintien des brevets d'invention, des marques de fabrique et des droits de douane. Il nous relut, à ce sujet, le manuscrit d'une causerie qu'il avait faite sur le même sujet des trusts à la la Central Music Hall de Chicago, le 14 septembre 1899, à l'occasion de la conférence sur les trusts réunie par la National Civic Federation.

« Mais, comme je l'ai déjà dit maintes et maintes fois, continua-t-il, le monopole le plus dangereux qui existe est celui de la monnaie. M. Bryan a dit une grande vérité lorsqu'il a affirmé que la destruction de ce trust amènerait la chute de tous les autres trusts. Malheureusement, M. Bryan ne veut pas encore détruire le trust monétaire, puisqu'il entend seulement que le monopole à étalon d'or soit remplacé par un double étalon, l'étalon d'or et l'étalon d'argent. C'est un adoucissement du trust monétaire actuel qu'il demande, ce n'est pas sa destruction. Vous savez que l'anarchie a, par contre, pour devise la liberté absolue de la circulation monétaire.

« Nous devons, par conséquent, considérer comme oiseuses et inefficaces les lois contre les trusts, d'autant plus qu'elles augmentent et compliquent encore l'outillage oppressif de notre constitution. Les trusts auraient le droit de se tourner vers l'État et de lui dire comme César à son meurtrier : *Tu quoque* ? « Toi aussi, État, tu me frappes, toi qui m'as donné la vie, toi à qui j'ai rendu, en échange, tant de puissance et de grandeur ?

« La liberté, la liberté seule est le remède. Supprimons les lois existantes, n'en créons pas de nouvelles. Telle doit être l'attitude des anarchistes dans la question des trusts. »

La séance fut levée sur ces mots. En regagnant ma demeure par le *street-car* qui descendait la butte à une vitesse vertigineuse, je ne pouvais m'empêcher de penser avec admiration à la foi profonde de l'orateur dans le libre essor de l'activité humaine. Il me semblait entrevoir une source puissante de progrès dans la persistance opiniâtre, dans l'apostolat courageux de M. Tucker et de ses amis.

CHAPITRE III

Les anarchistes insurrectionnels.

Les exploits des communistes de New-York. — Paterson. — La grève des tisseurs de soie. — Les anarchistes italiens. — Chicago. — Les *Slums*. — L'armée des sans-travail. — Le *Sweating*. — Une réunion de communistes. — Mysticisme slave. — Les journaux communistes anglais.

Le mouvement anarchiste insurrectionnel a, comme je l'ai remarqué précédemment, perdu désormais toute sympathie aux États-Unis; et l'on peut affirmer aujourd'hui que, après les bombes de Haymarket, à Chicago, en 1886, et la dissolution des deux associations révolutionnaires, *International working people's Association* et *International workmen's Association*, qui en fut la conséquence inévitable, on peut affirmer, dis-je, qu'à partir de 1890, aucun élément véritablement américain n'a plus concouru à alimenter l'anarchisme insurrectionnel. Cependant, ce dernier prospère encore dans les centres d'immigration, entretenu surtout par les menées des agitateurs étrangers et la misère des sans-travail. Chicago et New-York en ont toujours été les foyers principaux. Dans ces deux villes, où le *sweating system* est pratiqué dans une large mesure et sous toutes ses formes, les apôtres de la propagande par le fait ont trouvé facilement des prosélytes parmi les innombrables victimes de la concentration capitaliste, au milieu de l'armée des *unskilled laborers* ou des déclassés, égarés sur la route pénible de la lutte pour l'existence. Aujourd'hui, New-York semble être demeuré tranquille, grâce surtout à la campagne entreprise par le journal de M. Tucker, *Liberty*, qui tendait à démasquer les agissements criminels de certains soi-disant anarchistes, dont le but réel, loin d'être la propagation d'une idée, était l'exploitation de la crédulité publique.

Depuis 1883 jusqu'au commencement de 1886, des incendies se produisaient périodiquement dans le quartier ouvrier de New-York. Ces incendies, qui étaient tous, apparemment, dus à des explosions de lampes à pétrole, causèrent la mort de plusieurs personnes et la destruction de nombreuses maisons. La police soupçonnait, à vrai dire, que l'origine en était criminelle, mais n'avait jamais pu en acquérir la certitude matérielle. En présence des inquiétudes légitimes du public, le journal *The Sun* ouvrit une enquête et, plus heureux que la police, parvint à établir que les incendies avaient effectivement été allumés par des Allemands, repris de justice en Europe, membres de la section new-yorkaise de l'*International working people's Association* et du *Social revolutionary Club* de New-York, qui en dépendait.

Ces individus agissaient de la façon suivante : ils commençaient par louer une chambre, puis ils y installaient quelques meubles sans valeur. Ensuite ils assuraient ces derniers auprès d'une Compagnie, pour un montant de dix à vingt fois supérieur à leur valeur réelle. Une lampe à pétrole, faisant partie du mobiler, éclatait invariablement quelques jours après la remise de la police d'assurance. Les meubles étaient entièrement détruits, les Compagnies s'exécutaient et les assurés réalisaient ainsi de forts bénéfices. Le *reporter* du *Sun* a pu constater que près de 50 incendies s'étaient déclarés de cette façon, dans l'espace de deux ans. Ils avaient fait des victimes innocentes, causé aux Compagnies des préjudices considérables, et jeté l'émoi dans les quartiers populaires. Grâce à l'initiative du *Sun*, la police put enfin mettre en état d'arrestation les malfaiteurs : cinq Allemands. Et comme le *Sun* insinuait indirectement que les doctrines anarchistes favorisaient la perpétration de semblables forfaits, M. Tucker protesta vivement, et, dans le numéro de *Liberty* du 27 mars 1886, il s'indigna contre le rapprochement qu'on faisait entre l'anarchie et le crime. Johann Most, directeur du journal *Freiheit* de New-York, accusa alors Tucker de devenir l'auxiliaire de la police. Mais Tucker, ne relevant même pas cette accusation ridicule, se borna à lancer à Most la phrase suivante, demeurée célèbre dans les milieux anarchistes : *He who is not against these crimes is for them*, « Qui n'est pas contre ces crimes est pour eux ». Most, dont le journal avait eu comme collaborateurs les incendiaires eux-mêmes, dut se taire. Depuis cette époque, New-York a cessé d'être une citadelle de l'anarchisme insurrectionnel. Outre le journal *Freiheit* qui y paraît toujours, se publie à New-York une feuille clandestine, *Liberty*, dirigée par le communiste irlandais Mac Queen. Le cabaret Kohle et Tegtmeyer, tenu par Hermann Kohle, rédacteur au journal *Freiheit*, est le rendez-vous habituel des communistes new-yorkais, mais il faut avouer qu'ils ne paraissent plus, désormais, vouloir organiser des œuvres de destruction, beaucoup moins anarchistes qu'intéressées.

Aujourd'hui, Chicago est resté le véritable centre du mouvement, et c'est principalement à Chicago que l'on peut rencontrer des hommes sincèrement épris de l'idée communiste insurrectionnelle. Il y a, cependant, aux États-Unis, un autre soi-disant foyer de propagande insurrectionnelle dont il est indispensable de parler, à cause de sa renommée en Europe, absolument imméritée, d'ailleurs : je veux dire Paterson.

Paterson.

Je débarquai à Paterson vers le milieu du mois de juin 1902. Paterson est une petite ville de l'Etat de New-Jersey, située à une heure environ de New-York. On y arrive par le *ferry boat* qui, au bout de la vingt-troisième rue, côté ouest, amène d'abord à Jersey city, où l'on prend ensuite le chemin de fer de la *Pennsylvania railroads company.* Admirablement située aux pieds des collines de Hobocken, Paterson est une ville industrielle de premier ordre : elle est même le centre le plus important de l'industrie du tissage de la soie des États de l'Est. Cette industrie est, en grande partie, d'importation française ou italienne. De nombreuses maisons lyonnaises ou lombardes y ont construit, depuis vingt ans environ, des usines importantes et leur exemple a été suivi, plus tard, par des maisons suisses ou américaines : de sorte que, à Paterson, le nombre des métiers est aujourd'hui d'environ 12 000 sur 44 000 existant dans tous les États-Unis. D'autre part, des teintureries également importantes ont été établies à côté des tissages et sont alimentées par la production de ces derniers.

Au moment de mon arrivée, les ouvriers teinturiers étaient en grève depuis la moitié du mois d'avril, à cause de l'insuffisance de leurs salaires qui étaient, en réalité, inférieurs à la moyenne admise dans l'industrie textile dans les autres Etats de l'Union. Le chômage de la teinturerie avait, peu à peu, entraîné un chômage partiel du tissage, plusieurs industriels, jugeant naturellement dangereux, ou tout au moins inutile, de produire des marchandises qu'ils n'auraient pas pu livrer ensuite, puisqu'ils n'avaient pas le moyen de les faire teindre. Aussi le nombre des ouvriers en grève était-il monté vers la moitié de juin à 15 000, dont deux tiers, et même plus, étaient Italiens. L'exaspération des grévistes était à son comble. Les patrons, comptant sur l'absence d'organisation de leurs ouvriers et, par conséquent, sur leur misère, refusaient la moindre concession. Les méthodes en honneur dans les

États-Unis et qui consistent à fonder les meilleurs calculs sur la faim de l'ouvrier gréviste, *the starvation system*, ces méthodes, dis-je, avaient trouvé, chez les industriels comospolites de Paterson, des partisans plus convaincus que n'importe quel directeur de *trust* américain.

Le 18 juin, les grévistes organisaient un meeting à Saals Park, dans le faubourg de Haledon, situé à 2 kilomètres de Paterson. La réunion, à laquelle assistaient 8 000 ouvriers et ouvrières, était présidée par M. James Mac Grath, un Irlandais d'origine, ouvrier teinturier lui-même, qui venait de jeter les bases, à Paterson, de l'association des ouvriers travaillant dans l'industrie de la soie. M. Mac Grath adressa aux grévistes des paroles énergiques, mais judicieuses. Il leur conseilla de resserrer les liens moraux qui les unissaient les uns les autres dans la lutte engagée pour l'amélioration de leur sort. L'assemblée, cependant, était agitée. On entendait, de temps en temps, des protestations, des cris de guerre en toutes les langues, qui suscitaient de nouveaux cris et de nouvelles protestations toujours plus belliqueux et se répercutant sinistrement au loin, dans la prairie fourmillante d'ouvriers et, en l'air, sur les arbres où d'autres ouvriers étaient perchés. Mac Queen, venu exprès de New-York, prit ensuite la parole et fit un bref discours d'une extrême violence, que les grévistes ne comprirent qu'à moitié, ce qui ne les empêcha nullement de l'applaudir avec frénésie. A ce moment, une voix crie : *Vogliamo Galleani! Vogliamo Galleani!*

« Nous demandons Galleani! » et des milliers de voix font écho : *Galleani! Galleani!* Luigi Galleani, le directeur du journal *La Questione sociale*, de Paterson, monte alors sur la table. Les vivats enthousiastes redoublent, et la prairie semble, pour un instant, changée en un océan houleux de bras haut levés qui agitent des chapeaux, des mouchoirs, des journaux, des cannes. Puis, soudainement, le calme se rétablit dans l'assistance. Galleani commence à parler. Je n'ai jamais entendu d'orateur populaire plus puissant que Luigi Galleani. Il possède une facilité de parole merveilleuse, accompagnée d'une faculté rare chez les tribuns, la précision et la netteté des idées. Sa voix est pleine de chaleur, son regard est vif, pénétrant, son geste est d'une vigueur exceptionnelle, et, à la fois, d'une irréprochable distinction. Il parle toujours en italien, naturellement, avec un léger accent lombard; mais les ouvriers anglais et français qui, ce jour-là, se trouvaient dans la foule, suivaient son discours avec une attention intense et paraissaient saisir la signification de chaque mot.

Una turba assetata d'oro e di sangue, commença par dire Galleani, « une coterie, assoiffée d'or et de sang humain, exploite depuis longtemps votre travail, ô camarades. Pour eux, c'est la richesse, le luxe; pour vous, c'est la misère, la honte. Et tandis que vos veines s'épuisent, les coffres de vos patrons s'emplissent de monnaie. Avec cet argent, ils bâtiront d'autres fortunes, vos maîtres; et, s'il le faut, comme il le faut toujours, hélas! ils achèteront la conscience de ces misérables qu'ils paient pour vous égorger. Vous laisserez-vous égorger? »

Un frisson traversa l'assistance; mais Galleani continua : « Regardez vos femmes : elles étaient jolies, pleines de santé. Le travail, auquel les patrons les condamnent, les a rendues pâles, émaciées, anémiques. Regardez vos enfants : vous rêviez de les voir grandir beaux, affectueux, intelligents : l'usine est là pour les abrutir. Regardez-vous vous-mêmes. N'étiez-vous pas pleins d'espérance, en quittant votre pays qu'une tyrannie médiévale épuise? Hélas! dans cette contrée de soi-disant progrès, vous êtes également voués à une autre tyrannie non moins épuisante!

« Camarades! soulevez-vous. Répondez à la

violence légale du capital par la violence humaine de la révolte! »

Au milieu des applaudissements des grévistes, Galleani saute en bas de la tribune et, brandissant une canne, se précipite vers la sortie du Park, suivi par la foule hurlante et menaçante. On a vite franchi High Mountain road et, par Rip van Winkle avenue, on arrive devant le tissage J. A. Hall et Cie, situé à un kilomètre du Park. Les ouvriers qui y travaillaient encore sortent et se joignent aux grévistes. Des vivats frénétiques les accueillent. Mais il est fatal que ces manifestations d'une foule surchauffée par le sentiment ne soient jamais exemptes de danger : si ce n'est pas l'aveuglement des manifestants eux-mêmes qui cause les désordres, ce sera la crainte excessive de ceux contre qui la manifestation est dirigée. Aussi, la colonne des grévistes aurait-elle, peut-être, continué sa marche sans provoquer d'incidents regrettables, si, au moment même où les ouvriers de l'usine Hall commençaient à quitter le travail, un contremaître n'avait eu l'idée inexplicable de tirer un coup de revolver en l'air. Ce fut à la suite de cet acte inconsidéré qu'un tumulte indescriptible se produisit parmi les ouvriers. Des coups de revolver furent échangés, sans qu'on sût pourquoi, stupidement, machinalement. L'arrivée d'un détachement de police, appelé par téléphone par les propriétaires de l'usine, mit à son comble la fureur des grévistes.

Un anarchiste, Salvino Lora, fut atteint d'une balle à la tête et succomba, le jour suivant, à l'hôpital. Un *reporter* new-yorkais, M. Harry Harris, fut également blessé par un coup de revolver dans l'abdomen. La foule se dispersa aussitôt en désordre, affolée.

Pendant plusieurs jours, Paterson fut en révolution.

Des manifestations eurent lieu un peu partout, notamment à Union Hill, où se trouvent plusieurs usines ; mais les pompiers réussirent facilement à les maîtriser. Le maire de Paterson, M. Hinchliffe, destitua le chef de la police locale, M. Graul, et assuma personnellement la direction de cette dernière.

« L'anarchie doit être balayée de Paterson », dit le maire à un journaliste : *Anarchy must be swept out from Paterson.* Le gouverneur de l'Etat de New-Jersey envoya des soldats qui, pour une semaine environ, s'installèrent dans les rues de la cité et dans les cours des usines. Bref, au bout de dix jours, les industriels eurent raison des ventres vides des ouvriers, et le travail fut repris au grand complet.

Naturellement, l'anarchie n'a nullement été balayée de Paterson, car il ne pouvait pas dépendre du maire Hinchliffe de détruire l'anarchie — j'emploie le mot dans son mauvais sens — que l'avidité et la dureté des patrons y fomentent. Questionné sur ce sujet, l'ancien chef de la police de Paterson, le commandant Graul, un beau type d'Américain des pâturages de l'Ouest, se borna à répondre : « Ils m'ont destitué parce que, à ce « qu'il paraît, je n'étais pas assez énergique avec « les anarchistes. Croyez-vous que si j'avais « arrêté tous les anarchistes, les ouvriers auraient « eu moins raison de se plaindre du taux de leurs « salaires? »

*
* *

Les ouvriers de Paterson sont, en grande majorité, des Italiens appartenant aux provinces septentrionales de l'Italie. Ils sont tous, ou presque tous, d'anciens paysans et ouvriers tisseurs de la Lombardie ou du Piémont, de ces régions où le tissage à la main constituait autrefois une source précieuse de revenu pour les paysans, petits métayers, ou même journaliers. Après les transformations industrielles et agricoles opérées dans l'Italie du Nord, le chômage et l'excès de population les ont fait s'échouer sur le sol américain, vers lequel ils étaient attirés par le désir d'une existence meilleure. Là, ils ont été recrutés, et même suivis, en partie, par les entrepreneurs italiens et français qui, grâce à eux, savaient pouvoir compter sur une main-d'œuvre à bas prix. On a affirmé mille fois qu'il y a des anarchistes parmi eux. Je n'oserais pas le contester, d'autant plus qu'on a installé à Paterson un bureau spécial de la police italienne destiné à exercer sur eux une surveillance active, et, naturellement, la police existe, comme on dit, pour quelque chose. Cependant, il me sera peut-être permis d'avouer que l'impression que m'a laissée le milieu ouvrier de Paterson, ce terrible foyer de révolte d'où, dit-on, partent périodiquement, ambassadeurs sinistres d'une puissance ténébreuse, les meurtriers des monarques et des ministres, est, en réalité, celle d'un centre ouvrier comme un autre, où l'on discute, peut-être, un peu plus souvent et plus chaudement qu'ailleurs, mais où l'on est bien loin d'ourdir des complots ou de préparer laborieusement des attentats. Les attentats anarchistes commis par des Italiens ayant ou non résidé à Paterson, ont des causes purement individuelles.

Que de fois, au lendemain d'un attentat commis par un Italien, n'a-t-on pas entendu tout le monde s'écrier : « C'est encore un Italien! toujours des Italiens! » Pourquoi cette fréquence de criminalité anarchiste chez des individus de nationalité italienne?

Nul laboratoire d'anarchie n'est effectivement plus fécond que l'Italie elle-même.

Qu'est-ce, en somme, qu'un anarchiste insurrectionnel? On est habitué à donner cette qualification à des individus qui sèment la mort dans les hautes sphères de la politique; mais, avant d'être un criminel, l'anarchiste de la propagande par le fait, est, comme l'anarchiste intellectuel, un homme qui repousse toute idée d'autorité, de contrainte.

L'Italie a toujours été le berceau de ces hommes. Rappelons-nous son histoire. La péninsule fut, pendant de longs siècles, la proie des convoitises les plus variées. Des conquérants de toutes nationalités se disputent la possession de son territoire, et le peuple italien paraît assister à leurs querelles, plutôt comme spectateur que comme victime; il applaudit au vainqueur beaucoup moins, hélas! en vue des avantages qu'il en attend qu'à cause de sa victoire elle-même. Quant à lui, il reste indifférent devant le spectacle de tant de vicissitudes et accepte le nouveau maître avec la même insouciance qu'il a montrée en voyant partir l'ancien. Il y a un mot italien qui exprime admirablement cette indifférence caractéristique. « On a changé le maître de chapelle », dit-on souvent en Italie, « mais la musique est restée la même. »

> È cambiato il maestro di cappella,
> Ma la musica è sempre quella.

Le monde des savants et des artistes italiens, observe Edgar Quinet, partage constamment, à travers les âges de l'histoire, cette indifférence politique. Pendant que les armées de Charles VIII, de Léon XII, de Maximilien, de François Ier, de Charles-Quint traversent impunément le pays dans tous les sens, s'accomplissent les chefs-d'œuvre de Léonard de Vinci et de Michel-Ange. Les fresques encore humides de Raphaël sont obscurcies par les haleines impures des soldats qui pillent le Vatican. Une lutte paraît s'engager entre les envahisseurs qui détruisent et les artistes qui créent. De toutes parts, sur les murailles, se dressent des figures majestueuses et symboliques, œuvres immortelles des écoles romaine, florentine, vénitienne. Elles combattent à la place des hommes d'armes, et le calme souverain de leurs traits décèle la certitude de la victoire. Les poètes, depuis Pulci, Bojardo, jusqu'à l'Arioste et à Goldoni; les peintres, depuis le Pérugin jusqu'à

Raphaël, le Corrège, Andrea del Sarto, tous montrent la même sérénité; on sent que leur idéal est au-dessus de la terre et que les disputes des hommes ne peuvent en ternir la pureté adamantine. Durant le sac de Rome, le Parmesan peignait encore au moment où les lansquenets entraient dans son atelier. « Cherchez, dit encore Quinet, dans les vierges d'Andrea del Sarto, du Corrège, de Raphaël, le triste regard de l'Italie esclave, violée, dépouillée, lacérée, déchiquetée; vous y trouverez, par contre, le regard du bienheureux qui monte au ciel, et non pas le désespoir d'une chute politique. »

L'Italie est, par l'histoire de son art et de sa pensée philosophique et politique, sortie la première du cercle étroit de la nationalité proprement dite. Elle s'est confiée, sans défense, à l'esprit de civilisation, au génie de l'humanité. La patrie des Italiens ce fut longtemps l'univers; et ce même esprit d'universalité, cette même impatience de toute limite, provoquaient chez les Alberti, les Brunelleschi, les Léonard de Vinci, le désir indomptable de tout connaître, tout réunir, tout occuper à la fois dans le monde idéal; chez Christophe Colomb, l'ambition de tenir en ses mains le globe entier, d'agrandir la terre, comme, après lui, Galilée agrandira le ciel.

M. Pasquale Villari, l'éminent historien, raconte que, se trouvant un jour à Naples, au lendemain de l'achèvement de l'Unité, et ayant loué une voiture, il questionna le cocher sur ses sentiments au sujet du nouvel état de choses. « Eh! mon Dieu, lui répondit l'automédon, tout cela sera très beau, mais, ce que je n'aime pas, moi, c'est cette quantité énorme de règlements qu'on impose aux pauvres gens, cette foule de policiers qui vous surveillent. Imaginez-vous, s'écria le cocher, qu'on nous oblige maintenant à mettre un numéro sur les lanternes de la voiture! Ainsi tout le monde sait où nous allons et ce que nous faisons; et notre ancienne indépendance s'est évanouie. Décidément, dit-il, en terminant, il n'y a même plus moyen de mourir à sa guise : *non ci lascia manco più morire in pace.* » A son point de vue, le cocher napolitain avait raison. Le gouvernement des Bourbons avait un je ne sais quoi de paternel qui plaisait au tempérament insouciant et misonéiste des Italiens du midi. Il ne demandait rien au peuple, en dehors des contributions financières qui pouvaient, naturellement, être très modestes, en raison du manque absolu d'une organisation administrative véritable.

La seule chose que le roi Ferdinand exigeait de ses sujets, c'était de ne pas s'occuper de politique et, en cela, il n'était désobéi que par des hommes d'élite. Les chemins de fer, l'école obligatoire, le suffrage universel, le service militaire bouleversèrent nécessairement ce monde si calme où tous paraissaient être heureux de leur propre misère. Ainsi le peuple fut amené à envisager avec une méfiance invincible les lois et les règlements nouveaux qu'on lui imposait. Imaginez-vous! on oblige les cochers à coller un numéro sur les lanternes de leur voiture!

Ce qui est vrai pour l'Italie du Midi est, dans une certaine mesure, également vrai pour l'Italie du Nord. Ayant goûté à toute espèce de dominations, le peuple italien, dans son ensemble, dans le Nord aussi bien que dans le Midi, voit facilement dans tout gouvernement un usurpateur et un ennemi. Lorsque les agents appréhendent un criminel dans la rue, en Angleterre, les passants aideront, au besoin, les représentants de l'autorité à tenir leur prisonnier; en Italie, ils lui faciliteront plutôt la fuite. Dans les exclamations populaires, l'idée de gouvernement, en Italie, se trouve même associée à des éventualités au sujet desquelles — rendons-lui au moins cette justice — sa responsabilité ne saurait être mise en cause. « Quel mauvais temps! » s'écrie le paysan qui craint la grêle : « Quel mauvais temps! gouvernement voleur! *Che tempo, governo ladro!* » La contrebande est non seulement une industrie en Italie, mais quelquefois aussi un amusement. On fraude la douane pour le plaisir de se soustraire aux vexations du gouvernement.

On m'a fait, une fois, en Italie, l'offre d'un lot de cigares étrangers entrés en fraude dans le royaume. Comme je faisais la remarque que ces cigares ne me paraissaient ni bons, ni, au point de vue du prix, d'un commerce avantageux, mon contrebandier s'écria d'un air de triomphe : « Mais ce sont tout de même des cigares de contrebande! » En effet, j'ai entendu plusieurs fois, en Italie, vanter le goût de cigares entrés en fraude surtout parce qu'ils étaient entrés en fraude.

Grâce à leur scepticisme fataliste, à leur antipathie innée pour l'autorité, les Italiens n'ont qu'un pas à faire pour devenir des anarchistes insurrectionnels.

On a constaté que l'anarchiste de la propagande par le fait est un altruiste fanatique, un sensitif dont la sensibilité et le fanatisme atteignent le dernier degré de l'exagération. Cela est exact, notamment pour les anarchistes italiens. Cesare Lombroso a fait une remarque intéressante à ce sujet. Le terrain le plus propice au fanatisme altruiste, dit-il, est ordinairement la religion. Chez les peuples germaniques, par exemple, la religion recrute des milliers de fanatiques qui, sous les titres et au nom des théories les plus différentes, s'agitent fiévreusement pour sauver leurs semblables de la perdition. Ils ont ainsi un champ immense où ils peuvent se remuer à leur guise, nourrir leur passion, construire des églises, fonder des œuvres pieuses, faire des conférences, organiser des communautés idéales ou des armées du salut.

Dans les pays latins, au contraire, où l'Église catholique étend son influence, la religion n'est qu'un faible dérivatif au fanatisme, et cela non point à cause de l'incrédulité de la masse, mais grâce surtout à l'organisation de l'Église catholique elle-même. Celle-ci, en effet, ne représente pas un ensemble de croyances, souple, malléable, adaptable à tous les esprits, mais est, au contraire, une grande institution hiérarchique, fondée sur l'obéissance et la subordination absolue des fidèles. Tout le monde y a son poste, sa ligne de conduite tracée d'avance, ses croyances enfermées dans des cadres fixes et immuables. Aussi, à part de rares exceptions, le fanatisme, chez les peuples latins, ne s'est-il jamais manifesté que dans la vie sociale ou politique. En Italie, le fanatisme de ce genre produisait autrefois des brigands; aujourd'hui, il donne des anarchistes insurrectionnels. On pourrait même dire que le brigand italien était un anarchiste d'une époque éloignée et plus simple que la nôtre : la vie s'étant compliquée, le type humain de l'insurgé s'est compliqué à son tour, et l'ancien brigand qui gagnait la broussaille calabraise s'est, de nos jours, transformé en justicier des rois et des empereurs.

Mais, à ce sujet, une considération d'ordre capital s'impose. Les brigands étaient tous des Italiens du Midi, les anarchistes de la propagande par le fait sont presque tous des Italiens du Nord. Les Méridionaux ne se sentent en possession complète de leur énergie que chez eux, au sommet de leurs montagnes, au milieu de leurs luxuriantes vallées. Éloignés de leur pays, ils modifient leur caractère au point de subir avec résignation les épreuves de la lutte sociale.

En outre, leurs professions mêmes sont de nature peut-être à ramener l'équilibre dans l'âme des Italiens du Midi établis en terre étrangère. Ils sont en majorité des travailleurs accomplissant leur ouvrage en plein air : des maçons, des terrassiers, des marchands de fruits, des cireurs de bottes, des musiciens ambulants. Leur indépendance, leur personnalité ne sont pas abolies par ce genre d'occupation. Les Italiens du Nord, au contraire, qui dans leur pays étaient des paysans ou des petits ouvriers à domicile, deviennent presque toujours, en Amérique, des ouvriers de la grande industrie. Travaillant dans les mines ou dans les usines, leur indépendance périt dans les rouages du travail en commun : et, lorsqu'ils sortent au grand air, leurs âmes mesurent alors tout le poids de leur esclavage. Ils n'ont généralement pas l'énergie de se grouper, de fonder des syndicats. En Italie même, par exemple, les associations ouvrières proprement dites, c'est-à-dire de travailleurs de la grande industrie, sont très peu nombreuses, tandis que l'organisation des travailleurs de la petite industrie ou des ouvriers agricoles atteint une solidité morale extraordinaire. On serait presque tenté d'affirmer que l'ouvrier italien se sent épuisé après une journée de fatigue au milieu du bruit sourd des machines. Souvent, cet épuisement même, et la tristesse profonde qu'il engendre, le poussent à la rébellion violente contre un état de choses qui le voue au désespoir.

Mais son acte est beaucoup moins le résultat d'une préparation sectaire que le mouvement spontané, — quoique élaboré, peut-être, dans l'isolement, — d'une âme exaltée et accablée par le trouble moral. Poussé dans la mêlée tumultueuse et anonyme de la vie moderne, le sensitif, le fanatique italien s'égare et essaie alors de venger, à sa façon, ses propres malheurs et les malheurs de tant d'autres.

A Paterson il y a certainement de ces hommes, et j'en ai rencontré moi-même. Cependant, il serait, à mon sens, excessif de croire que Paterson en soit le laboratoire. La présence dans cette ville d'une propagande d'anarchisme insurrectionel parmi les ouvriers italiens a pour origine les mêmes causes qui ont déterminé la formation d'une pareille propagande dans les milieux appartenant à d'autres nationalités : l'exode des révolutionnaires européens à la suite des lois repressives édictées en Europe. Après les incidents qui ont abouti à la dissolution de l'*Internationale*, il faut noter, d'autre part, que, en ce qui concerne l'Italie, cet exode coïncide avec le premier mouvement d'émigration italienne vers les États-Unis. Avant 1871, il n'y avait pas trace d'émigration italienne en Amérique. Ce ne fut qu'à partir de 1880 qu'un véritable courant d'émigration se produisit entre l'Italie et les États-Unis. Voici les chiffres concernant le débarquement d'émigrants italiens sur le sol de l'Union, depuis 1871 jusqu'à nos jours :

1871-80........	55 759	1881-90.........	307 309
1891-1900......	651 897	1901-1902.......	373 438

Pendant la période 1871-1880, les apôtres de l'insurrection pouvaient ainsi plus aisément semer la haine de la société dans des esprits que la misère, la tristesse et surtout l'inexpérience prédisposaient tout particulièrement à en accepter les enseignements. Depuis ce temps, l'arrivée successive de nouveaux émigrants, aussi malheureux que les premiers, mais plus instruits et mieux aguerris, a rapidement modifié la situation, si bien que Paterson n'est plus désormais la place forte de l'anarchisme italien. Il y a des anarchistes insurrectionnels à Paterson, comme il y en a partout, en Amérique et ailleurs.

Enrico Malatesta, le célèbre anarchiste italien, qui réside actuellement à Londres, y fait souvent de courtes apparitions ainsi que le prince Kropotkine. Ils viennent, font une conférence, puis s'en retournent tranquillement chez eux, sans faire grand bruit. Organisent-ils des complots? Il serait trop naïf de le penser. Voici, par exemple, une anecdote qui peut jeter quelque lumière sur ce que l'on perpètre dans les terribles assemblées de Paterson. A l'occasion de l'arrivée de Kropotkine, il y a quelque temps, une réunion est convoquée. Plusieurs centaines d'ouvriers y assistent, Kropotkine parle, parle longuement au milieu d'un silence religieux. Tout à coup, un individu se lève et se met à crier : *Viva la libertà!* Tous se regardent les uns les autres, étonnés. Le conférencier arrête sa causerie et paraît non moins surpris de cette interruption intempestive. Mais l'autre continue à crier : *Viva la libertà! Viva la libertà!* Alors, toute l'assistance, ne sachant probablement quelle décision prendre, entonne l'hymne des travailleurs :

Su fratelli! su compagne!
Su venite in fitta schiera;
Sulla libera bandiera
Splende il sol dell'avvenir.

Il riscatto del lavoro
Dei suoi figli opra sarà :
O vivremo del lavoro
O pugnando si morrà.

Et tout le monde s'en alla en chantant. Le malheureux conférencier en fut ahuri.

Le journal officiel des anarchistes de Paterson est *La Questione Sociale*, écrit en langue italienne. Tout récemment, on a commencé à en tirer une édition en langue anglaise intitulée *The Social Question*. C'est, naturellement, un organe communiste révolutionnaire. Il est rédigé d'une manière relativement soignée, mais il est plein de rhétorique et de grandes phrases qui, à vrai dire, ne peuvent frapper que ceux qui n'en saisissent pas le vide. Or, le nombre de ceux-ci, à Paterson, dans les milieux ouvriers italiens, diminue sans cesse. Par contre, dans les colonies italiennes, la révolte anarchiste se manifeste, aux Etats-Unis, d'une façon toujours plus méthodique et rationnelle. Je n'en voudrais comme preuve que les deux nouveaux journaux italiens de propagande anarchiste qui viennent de se fonder : *La Protesta umana* de New-York et la *Cronaca sovversiva* de Barre (Vermont), qui s'annoncent comme des périodiques franchement individualistes.

CHICAGO.

« Chicago est un monde par lui-même », *is a world in itself*, dit un voyageur anglais. C'est la vérité. Nulle ville américaine ne saurait, mieux que Chicago, résumer les caractères fondamentaux de la vie fiévreuse de l'Union. L'histoire de Chicago est la plus haute expression du génie américain. En 1850, elle comptait environ 60 000 habitants, en 1870, elle en avait 300 000. Le 8 octobre 1871, un incendie formidable détruisit la ville presque en entier : le vent en porta les cendres jusque sur l'archipel des Açores. Aujourd'hui, cette reine miraculeuse de l'Ouest compte 1 700 000 habitants. Née de la terre, véritable ville champignon — *mushroom city*, — les entreprises les plus extraordinaires y ont pris naissance comme par suite d'une génération spontanée. Si, à New-York, le mot *business* résume la vie humaine, à Chicago ce mot sert à résumer la vie humaine et la vie divine : *business* est, à Chicago, la raison d'être et de penser. Aussi l'industrie, le commerce et surtout l'esprit d'initiative y ont-ils acquis un développement fabuleux.

Le milieu social qui s'est formé à Chicago est, au plus haut degré, caractéristique. Comme à New-York, les Américains, nés aux États-Unis, n'y représentent qu'une faible minorité. Les Allemands et les Irlandais y prédominent, mais les Italiens, les Polonais et les Russes s'y trouvent également en grand nombre. Rien de plus écœurant que les quartiers pauvres de cette ville opulente où aboutissent les richesses agricoles des Etats-Unis : nulle part au monde on ne souffre la faim autant que dans ce comptoir mondial de l'alimentation. Les *slums* de Chicago renferment une population qui s'élève normalement à environ 30 000 individus des deux sexes, appartenant à toutes les nationalités du monde, mais dont les Juifs polonais et russes et les Italiens constituent la majorité. Les *slums* occupent une superficie d'environ un demi-kilomètre carré et se composent de plusieurs pâtés de maisons en bois ou en maçonnerie, qui toutes sont dans un état lamentable au point de vue de la solidité, et révoltant au point de vue de l'hygiène. Ils s'étendent depuis Polk et Halsted streets, sur le côté ouest de la rivière Chicago, jusqu'à la douzième avenue, et à State street, longeant Taylor street, Newberry avenue, par où l'on remonte à Halsted et Polk streets.

D'après les enquêtes officielles [1], le revenu des habitants des quartiers pauvres à Chicago se monterait à 6 dollars 79 cents par semaine et par famille. Les familles, dans les *slums*, sont ordinairement composées de 4 personnes; mais, comme on y rencontre également un nombre considérable de familles composées de 7, 8, 10 et même 12 ou 15 personnes, la moyenne arithmétique du nombre des personnes, composant une famille est, d'après les statistiques officielles, de 5,09 personnes. Dans les *slums* de Baltimore, elle est de 4,48, dans ceux de New-York de 4,90, dans ceux de Philadelphia de 5,15. Voici les revenus moyens par famille, relevés à l'occasion des dernières investigations :

Proportion des familles		Revenu moyen par semaine
10,27 p. 100		3 dollars
37,90 —		6 —
37,69 —		11 —
14,14 —		douteux
100,00 p. 100	moyenne générale	6,79 dollars.

1. *The slums of Baltimore, Chicago, New-York, and Philadelphia.* Washington, Government printing Office.

D'après mes constatations personnelles, ces revenus ne sont malheureusement que trop illusoires. Les travaux auxquels se livrent les habitants des *slums* étant intermittents, leurs salaires le sont aussi. Le revenu effectif moyen d'une famille ne dépasse jamais, pour toute la durée de l'année, 3 dollars et demi par semaine. D'autre part, il ne faut pas oublier que, dans ce genre de calculs, l'établissement d'une moyenne ne peut jamais être l'expression de la réalité. Pour s'en convaincre, il suffit de songer à la proportion énorme des familles dont le revenu est douteux, *whose earning is not specified*, comme disent, par euphémisme, les statistiques américaines.

Quoiqu'il en soit, tout ce que la famille gagne est le produit du travail de tous ses membres, y compris les enfants au-dessus de cinq ans; car, comme a dit justement Miss Jane Addams, l'éminente directrice de la *Hull house*, l'idée que dans les *slums* le chef de la famille pourvoit à l'entretien des siens est aussi fallacieuse que l'idée que quiconque cherche du travail a la possibilité d'en trouver. Dans les *slums*, le chef de la famille n'a, en général, aucune capacité professionnelle déterminée.

Il sort le matin, au hasard, dans l'espoir d'avoir une malle à porter ou un logement à nettoyer; ou, ce qui serait son rêve, de trouver enfin une place quelconque qui lui assure son pain pendant une ou deux semaines. D'aucuns, surtout les Italiens, sont musiciens ou chanteurs ambulants; d'autres sont marchands de menus objets, comme fil, aiguilles, boutons, crayons, papier. Mais leur occupation d'aujourd'hui ne vaut nullement comme indication pour leur occupation de demain. A la maison, les femmes et les enfants travaillent à des métiers très variés suivant les saisons et la demande. Un grand nombre d'entre eux, surtout les juifs, sont occupés dans la couture pour le finissage des costumes et des robes, sous le régime du *sweating*; ce qui n'empêche pas les garçons de sortir pour cirer des bottes ou vendre des journaux, et les jeunes filles d'aller offrir aux passants les quelques restes d'une jeunesse vite effacée, hélas! par les privations. Souvent, lorsque les commandes abondent, les hommes travaillent aussi à la maison, dans la couture, tous massés dans l'unique mansarde qui sert à la fois de cuisine, de chambre à coucher et d'atelier. Par un labeur acharné et épuisant, la famille réalise ainsi un salaire global de 900 à 1 000 francs par an, dont le loyer absorbe plus d'un tiers.

Les conditions hygiéniques des habitations des *slums* sont, comme je l'ai dit, déplorables. Le

Bureau de la santé de Chicago a constaté la présence d'une variété incalculable de microbes dont il donne quelques spécimens [1].

Je suis d'avis qu'il n'y a pas à s'effrayer outre mesure de ce que disent les microbiologistes, dont le but paraît être de nous rendre la vie beaucoup plus difficile qu'elle ne le doit être; mais il est néanmoins permis de croire que, meurtrières ou non, les espèces de champignons que je viens d'énumérer ne se rencontrent guère dans les appartements des riches. La mortalité, chez les habitants des *slums*, atteint, dans certains quartiers, des proportions épouvantables : 35, 37, 42 pour 1000.

M. Wyckoff [2], professeur à l'Université de Princeton, raconte qu'il a assisté un jour à la visite d'un inspecteur sanitaire dans un atelier de juifs travaillant dans la couture. L'employé examina attentivement le local, puis, frappé par la présence d'immondices et s'adressant à un des ouvriers : « Nettoyez ici, lui dit-il, autrement il y aura bientôt des fièvres infectieuses dans la maison ». Les traits du visage contractés, le tra-

1. Staphylococcus pyogenes aureus, Staphylococcus pyogenes albus, Staphylococcus pyogenes citreus, Staphylococcus pyogenes salivarius, Streptococcus septicus liquefaciens, Micrococcus cereus albus, Saccharomyces rosaceus, et une cinquantaine d'autres.

2. Walter A. Wyckoff, *The workers*, New-York, 1901.

vailleur ainsi interpellé, se retourna vivement vers l'inspecteur et lui cria à la figure :

« Est-ce que nous avons le temps de faire du nettoyage, nous autres? Ne nous parlez pas de maladies, parlez-nous de pain : c'est du pain que nous cherchons, du pain! *it's bread we're after, bread!* » L'inspecteur se tut et sortit bien vite de la chambre, comme pour cacher son émotion. Les rires sinistres des misérables parias l'accompagnèrent, tandis que le héros de cette scène shakespearienne s'affaissait à côté de sa machine.

J'ai vu moi-même de ces théâtres de misère et de pourriture; le spectacle qu'ils offrent est vraiment horrible. Des hommes, des femmes sans amour, des vieillards sans consolation, des jeunes sans désirs, des enfants rêvant de poupées ou cherchant vainement une caresse, sont entassés les uns à côté des autres, silencieux, muets. Jamais une note de gaieté ne rompt la tristesse glaciale du milieu et lorsque, comme à la suite d'un oubli involontaire, un cri joyeux s'échappe d'une poitrine, des protestations s'élèvent de toutes parts, qui ramènent le pauvre égaré au souvenir de lui-même. On n'entend que de vagues soupirs, des gémissements étouffés et, au-dessus d'eux, le glas synchronique des machines à coudre. Les accents lugubres du « Chant de la chemise » résonnent à mon oreille :

With fingers weary and worn,
With eyelids heavy and red
A woman sat, in unwomanly rags
Plying her needle and thread.

Stitch! Stitch! Stich!
In poverty, hunger and dirt;
And still with a voice of dolorous pitch,
Would that its tone could reach the rich
She sang the song of the shirt!

C'est dans ces quartiers que se recrutent les anarchistes insurrectionnels de Chicago.

Un ancien capitaine de la police de Chicago, M. Michael J. Schaak, mêlé aux faits de 1886, a écrit un livre où les inepties abondent au milieu de quelques rares documents intéressants [1], et dans lequel il fait le récit plus ou moins fidèle des faits et gestes des anarchistes de Chicago. En admettant que, à son époque, tout ce que l'auteur raconte ait réellement existé, j'ai pu constater que, de nos jours, il en reste bien peu de chose. M. Schaak parle de drapeaux noirs, d'autres drapeaux portant des inscriptions subversives, de poignards empoisonnés, d'ateliers où l'on confectionne les bombes, de conspirations souterraines, d'associations révolutionnaires de femmes, *red sisterhood*, d'anar-

1. Michael J. Schaak, *Anarchy and anarchists*, Chicago, 1889.

chistes amateurs s'amusant à se faire sauter eux-mêmes et à faire sauter leurs familles pour donner l'exemple aux autres; en somme, il note une foule de curieux détails qui ont plus de chance, à mon avis, de relever de sa fantaisie de policier que de la vérité historique. Quoi qu'il en soit, les conspirateurs anarchistes d'aujourd'hui n'emploient pas les procédés ténébreux décrits par M. Schaak. Ils ont leurs endroits préférés de réunion, bien entendu; et ce serait peut-être excessif de la part de la police que de prétendre qu'ils invitent un des siens à leurs conférences. Mais, dans ces conférences, on ne parle jamais de rien qui ne soit écrit dans tous les livres communistes. Elles sont suivies principalement par les Allemands, les Tchèques et les Polonais; on peut y voir aussi quelques rares Irlandais, quoique la masse des révolutionnaires irlandais soit aujourd'hui en dissidence avec les anarchistes internationalistes, à cause des questions nationales qui l'occupent.

Ce qui différencie les meetings anarchistes de Chicago de ceux de Paterson, ce sont, en premier lieu, la culture des personnes qui y assistent et, en second lieu, leur foi, leur ardeur mystique. Le mysticisme slave et germanique s'y superpose ainsi spontanément à ce mysticisme autochtone, qui semble être comme un produit naturel du sol, aux États-Unis, et à l'influence duquel seuls les Latins ont, jusqu'à présent, pu échapper en grande partie.

Lorsque, le matin, le sans-travail sort de chez lui, il va ordinairement se poster à l'entrée des usines voisines, à la recherche d'une occupation momentanée quelconque, *an odd job*. Là, il rencontre des centaines de ses semblables. Le spectacle de la misère commune est toujours de nature à soulever l'âme humaine : ce mouvement de réaction morale peut quelquefois être étouffé; le plus souvent, il est producteur de haine féroce.

L'homme poursuivi par le malheur, victime d'une fatalité inéluctable, sent le besoin de médire, de haïr, ne fût-ce que de se haïr soi-même. Aussi, la vue de tant d'autres vaincus comme lui, loin de l'apitoyer, le rebute. Il voit alors, facilement, autant d'ennemis dans ceux-là mêmes qui partagent sa souffrance. Son regard révèle la méfiance qui domine son esprit; d'un coup d'œil rapide le dernier arrivé compte ceux qui l'ont précédé et calcule les chances qui lui restent de trouver de l'ouvrage. Puis il s'assied par terre au milieu du groupe.

« *Do you think that we'll feed to-day, partner?*

« Croyez-vous que nous mangerons aujourd'hui? » demande-t-il en s'adressant à son voisin.

— *I hope so*, « Je l'espère », répond l'autre, et leurs regards, en se rencontrant, complètent leur pensée, qui est la suivante : « Je n'ai pas à rechercher si tu mangeras, oui ou non ; ce que je veux, c'est manger moi-même ».

Il trouve, en effet, assez fréquemment de petits travaux à faire qui lui rapportent quelques sous, tout juste de quoi aller prendre une tasse de café et s'acheter un peu de pain.

Le soir, le poids de son isolement devient écrasant. Son impuissance à tirer de la détresse les siens qui s'épuisent à la maison et qu'il revoit aussi affamés que lui, achève de le révolter. Il détourne les yeux de ceux qu'il aime, car la misère tarit les sources pures de l'intimité familiale. La femme qu'il aurait voulu serrer contre sa poitrine lui répugne; les enfants dont il recherchait le sourire l'agacent. Et comme il sait que d'autres camarades, moins misérables que lui, mais s'intéressant à son malheur, lui offrent une chambre où il pourra crier tout haut ses doléances, où il pourra pleurer à son aise, il s'y rend. Ainsi s'organisent les réunions communistes de Chicago.

C'était un soir du mois d'août 1902. La salle — un atelier d'artiste — était comble. Au fond,

fond, assis devant une table sur laquelle brûlaient deux bougies, un vieux à la longue barbe blanche, à la chevelure tombant sur les épaules, lisait d'une voix monotone, en allemand, des passages du livre de Bakounine, *Dieu et l'État*. L'assistance était presque entièrement composée de Polonais; mais, comme il y avait également des Allemands, des Hongrois et des Tchèques, on avait adopté, ce soir-là, la langue allemande, que tout le monde connaissait.

Au moment de mon entrée dans la salle, le lecteur en était arrivé au passage où Bakounine, après avoir critiqué les bases de la croyance, parlait du rôle métaphysique joué par la Divinité sur la terre.

« Dieu apparaît, l'homme s'anéantit; et plus la Divinité devient grande, plus l'humanité devient misérable. Le nom de Dieu est la terrible massue avec laquelle les hommes supérieurement inspirés, les grands génies ont abattu la liberté, la dignité, la raison et la prospérité des hommes. Avec le nom de Dieu, les croyants s'imaginent pouvoir établir la fraternité parmi les hommes; au contraire, ils créent l'orgueil, le mépris; ils sèment la discorde, la haine, la guerre, ils fondent l'esclavage. Car, avec Dieu, viennent les différents degrés d'inspiration divine et l'humanité se partage alors en hommes très inspirés, moins inspirés, non inspirés... »

« Dieu nous aime tous! » interrompit une jeune femme, placée non loin de moi, face d'illuminée qui se détachait sur le fond sombre du milieu.

« Dieu nous aime tous, répéta-t-elle, et nous sommes tous égaux devant lui! »

Personne ne répondit. L'interruptrice elle-même s'assit à nouveau et le lecteur put continuer :

« Tous sont également nuls devant Dieu, il est vrai; mais, comparés les uns avec les autres, les uns sont plus grands que les autres; non seulement par le fait, ce qui n'est rien parce que l'inégalité de fait s'élimine d'elle-même dans la collectivité, lorsqu'elle ne peut s'accrocher à aucune fiction ou institution légale : mais de par le droit divin de l'inspiration, ce qui constitue une inégalité fixe, constante, pétrifiée. Les plus inspirés ont le droit d'en imposer aux moins inspirés. Ainsi le principe de l'autorité est établi et, avec lui sont jetées les bases de l'esclavage humain : l'Église et l'État. »

« La discussion est ouverte », ajouta le vieillard, en quittant sa place pour aller s'asseoir à côté des autres.

Un autre vieillard se lève. Il est en loques, et

sa figure étrange de rêveur et d'apôtre n'apparaît que plus lumineuse, au-dessus des haillons qui couvrent ses membres.

« Moi, dit-il, j'ai toujours cru dans le Dieu de mes ancêtres. Mais ma foi s'est évanouie au contact des lâchetés humaines. Pourtant n'avons-nous pas encore, nous tous, un motif pour croire, je ne dis pas en ce prétendu Dieu de justice, mais en quelque chose qui peut le remplacer avantageusement? Ne souffrons-nous pas tous de la même misère, ne sommes-nous pas tous également tourmentés par la faim? Eh bien! voilà les forces qui doivent nous pousser vers une nouvelle croyance; la faim, la misère, la honte, les larmes qui coulent de nos yeux et des yeux des nôtres; voilà des sources puissantes de foi. Mais de quelle foi? »

Ici l'orateur promena ses yeux sur l'assemblée. Le silence était profond. Tous les regards s'attachaient sur celui de l'apôtre. Ses lèvres tremblantes promettaient la parole désirée, souhaitée par tous.

« De quelle foi, reprit-il, sera-t-elle productrice la force terrible de la souffrance humaine?

« De la foi dans la révolution, dans la vengeance, dans la haine indomptable de ceux qui nous empêchent de vivre. »

Un bruit sourd d'exclamations violentes accueillit ces paroles. « La révolution! oui, la révolution! Il nous faut sortir de nos peines! » Le vieillard continua :

« Nous sommes tous effectivement chassés de la société. Mais nous en sommes séparés surtout comme révolutionnaires. Nous ne devons pas avoir de liens, ni de biens, ni d'intérêts quels qu'ils soient, car nous appartenons exclusivement à la révolution. Détruire, tel doit être le but de notre vie. Entre nos maîtres, entre les gouvernements et nous, il ne doit pas y avoir de trêve. Nous devons lutter sans cesse contre tous les gouvernements, et nos moyens de défense doivent être aussi meurtriers que leurs moyens d'attaque : le sang, la mort, l'incendie, telles seront nos réponses à l'oppression, à la misère, à la faim. Étouffons en nos âmes nos plus chers sentiments. La famille, l'amour, l'amitié ne sauraient exister pour nous. Qui de nous oserait dire qu'il en a connu les charmes, à travers les épreuves abrutissantes de tous les jours et de toutes les heures? La révolution doit être le seul but, la seule joie de notre vie. » L'orateur, anéanti, retomba lourdement sur sa chaise. Je me trouvais en plein mysticisme, et, sous un certain aspect, je croyais assister à une de ces réunions de quakers au cours desquelles les fidèles racontent en pleurant les anecdotes les plus saillantes de leur vie, cependant que se font entendre tout autour des gémissements, des sanglots, des cris déchirants.

En réalité, toute l'assistance était, à ce moment, profondément émue. La parole ardente du vieillard l'avait secouée. Tout le monde était debout et applaudissait avec frénésie l'orateur; à travers la demi-obscurité de la salle perçaient les éclairs de centaines d'yeux enflammés par le tumulte des âmes. Aussitôt que le calme se fut rétabli, un jeune homme se leva à son tour :

— « Avez-vous jamais éprouvé, commença-t-il, de la jouissance en voyant souffrir vos semblables? Non, certainement. Cependant il y a des hommes qui s'amusent à voir souffrir et qui vivent de la douleur d'autrui. Ces individus ce sont les riches dont la fortune s'accroît au fur et à mesure qu'augmente la pauvreté des travailleurs : ce sont les chefs de la politique placés au service des premiers, et tous ceux qui en dépendent et menacent sans cesse notre liberté et notre existence. Je vous demande, moi, continua-t-il en gesticulant, je vous demande pourquoi nous ne goûterions pas au même plaisir en semant la terreur au milieu de nos maîtres? Prendre un couteau, l'enfoncer dans la poitrine d'un de ces tyrans; remuer l'arme, ensuite, de façon à boire la douleur physique de la victime. Puis, couvrir, en même temps, cette victime d'insultes, et la regarder bien dans les yeux, afin qu'elle meure en emportant le souvenir de notre regard féroce et vindicatif... ne serait-ce pas un bonheur pour nous, les victimes d'aujourd'hui? »

Il s'arrêta, blême, comme épouvanté de sa vision macabre. De tous les côtés de la salle, on criait : Assez! assez! — tant il est vrai qu'il répugne à l'imagination humaine, même surexcitée par la passion, de concevoir dans ses détails un acte de cruauté qui n'aurait d'autre but que lui-même. Les auditeurs, en somme, étaient bien prêts à parler révolution, à demander vengeance, mais non à se venger effectivement ni à faire une révolution véritable.

Ce fut alors que, profitant du trouble de l'assemblée, la jeune femme, qui avait auparavant pris la parole, essaya de dissiper les dernières traces de la tempête.

« Mes amis, dit-elle, ne répondons pas par le mal au mal qu'on nous fait. Je ne vous demande pas d'aimer ceux qui nous haïssent, mais de leur donner l'exemple de cet amour qu'ils ne veulent pas connaître. Aimons-nous les uns les autres, nous, les misérables, les meurt-de-faim, et notre existence sera meilleure. Malheureux celui que tourmente le vide du cœur, malheureux celui qui n'aime plus et dit adieu à l'espérance. Son cœur est semblable à un temple antique dévasté par les orages et par les ans, où la divinité ne veut et les hommes n'osent pas habiter. Aimons-nous les uns les autres, ô camarades, aimons toujours notre patrie infortunée... »

Après ces mots, la jeune femme s'élança vers la table du fond restée déserte et, se dressant de toute sa hauteur, les yeux fermés, la tête tournée vers le ciel, elle déclama d'une voix solennelle, les premiers vers de *Pan Tadeusz*, de Mickiewicz, le livre de la nation polonaise :

« Lithuanie, ô ma patrie; tu es comme la santé. Combien il faut t'apprécier, celui-là seul le sait qui t'a perdue. Aujourd'hui, je vois ta beauté dans tout son charme, car je languis après toi... »

Tous s'étaient levés, en proie à une émotion indicible. J'ai regardé le jeune homme qui avait parlé tout à l'heure et dont le langage avait révolté l'assistance; les larmes inondaient son visage.

Ce soir-là, on s'en alla sans avoir comploté...

*
* *

Les réunions des communistes insurrectionnels de Chicago ressemblent toutes, plus ou moins, à celle que je viens de décrire. Les Polonais y interviennent toujours en grand nombre, car ils sont aussi les plus nombreux dans le monde où l'on souffre la faim.

Je pense que M. Schaak aurait de la peine, aujourd'hui, à retrouver les endroits où, il y a vingt ans, il a vu tant de choses terribles. Il constaterait, comme je l'ai fait moi-même, qu'à ces réunions, il est plus facile de rencontrer des vaincus des compétitions sociales, des victimes de la concentration capitaliste, que des hommes tournés systématiquement vers la conspiration à main armée contre le pouvoir.

Ainsi, les actes insurrectionnels des communistes de Chicago, qui ont paru l'œuvre d'une préparation ténébreuse, n'ont été, comme ceux des communistes italiens de Paterson, que le résultat d'une initiative individuelle, d'un mouvement de révolte que le raisonnement n'a pas su dominer. Les causes morales qui poussent les hommes de race slave à la propagande par le fait ont beaucoup d'affinités avec celles que j'ai mentionnées au sujet des anarchistes italiens. L'infortune personnelle y tient une grande place, à côté de la douleur produite par le spectacle des malheurs des autres. Mais ce qui caractérise les communistes de Chicago, c'est, je le répète, le fond inépuisable de mysticisme dont sont empreints leurs discours et leurs gestes. Si, d'un côté, les Italiens de Paterson croiraient accomplir un acte de justice humaine en tuant un roi, les Polonais de Chicago se sentiraient plutôt devenir, par un acte pareil, les instruments de la vengeance divine. Pour eux, la rébellion revêt un caractère, en quelque sorte, surnaturel, qui relève de l'idée abstraite et purement religieuse du devoir. « J'ai fait mon devoir », telles ont été les paroles prononcées par Czogolsz, l'assassin de Mac Kinley, au moment de son arrestation.

Le génie slave est doux, sociable, rêveur, subtil, et comprend mieux que tout autre le sentiment noble de la fraternité humaine; à cause de cette tendance qui lui est particulière, il se différencie très nettement du génie des autres races européennes.

La révolte a donc, chez les Slaves, une racine bien autrement profonde que chez les Latins : d'autant plus que cette prédisposition de l'esprit se complique, chez eux, de l'amour de la patrie, un amour infini, et, pour les Polonais notamment, infiniment malheureux. De toutes les races connues sur le globe, dit Mickiewicz, la race slave seule a conservé dans sa tige une pureté absolue. Elle tressaille pour tout ce qui est divin, sacré, intellectuel, de même qu'une plante saine accepte les influences du soleil, de la chaleur, de la pluie. Au milieu des péripéties de l'histoire, même à travers les mélanges qu'elle a dû subir, cette race a gardé intacte sa physionomie originelle et s'est toujours refusée à matérialiser ses pensées primitives.

Le Slave polonais, tchèque, ruthénien, cherche, au-dessus de la terre, dans la vie future, l'idéal qu'il ne peut réaliser autour de lui. Et, lorsqu'il s'arme pour tuer, il n'agit pas dans un but terrestre, mais dans le but seul de se sacrifier sur l'autel de la bonté éternelle.

Il est un martyr de cette fraternité humaine qu'il n'a pu connaître en ce monde. Sa force morale réside entièrement dans son espérance, dans sa foi ; ainsi parlent *les Premiers Dziady*, où le poète lithuanien chante le revenant :

> Son cœur ne bat plus, déjà sa poitrine est glacée,
> Ses lèvres sont serrées et ses yeux sont fermés.
> Encore en ce monde, mais non de ce monde.
> Qu'est-il, cet homme? Un mort.
>
> Vois, le souffle de l'espérance lui redonne la vie,
> L'étoile du souvenir lui envoie ses rayons :
> Le mort revient au pays de sa jeunesse,
> Y chercher le visage aimé.
>
> Sa poitrine respire de nouveau : mais sa poitrine est glacée.
> Il a les lèvres et les yeux tout grands ouverts.
> De nouveau en ce monde, mais non de ce monde.
> Qu'est-il, cet homme? Un revenant.

Voilà pourquoi ces milieux communistes de Chicago, composés en grande partie de Slaves, sont si différents de ceux de Paterson, composés en grande partie d'Italiens. Tandis qu'à Paterson on vocifère ou on bavarde, à Chicago on pleure, on médite et on espère. Le communisme insurrectionnel de Chicago n'est pas le résultat d'une propagande, de menées actives d'agitateurs; il est le produit direct de l'état d'âme des misérables qui vivent dans les *slums*. Aussi les communistes de Chicago n'ont-ils pas de journaux proprement dits. La Bible pour les chrétiens, le *Talmud* pour les juifs suffisent amplement à entretenir leur désir inassouvi de justice et de fraternité, source, comme je l'ai dit, à la fois de résignation passive et de rébellion violente.

Les Américains de race anglaise ne participent que faiblement au mouvement. Lucy E. Parsons, on s'en souvient, fut le seul Américain véritable impliqué dans les faits de 1886.

Cependant, il y a eu, et il y a encore, à Chicago, des journaux rédigés en anglais, où sont prêchées les théories communistes insurrectionnelles. *The Alarm* n'a duré que deux ans, de 1887 à 1889. *Freedom* a cessé d'exister en 1892. Aujourd'hui, l'organe communiste le plus autorisé est *Free Society*, qui s'intitule lui-même : *A periodical of anarchist thought, work and litterature.* Quoique franchement communiste et insurrectionnel, on chercherait en vain, dans ce journal, des excitations au crime ou à l'action destructive. Il est très bien écrit et compte parmi ses collaborateurs Mlle Voltairine de Cleyre, de Philadelphia, qui est un écrivain de haute valeur.

Free Society a commencé à paraître il y a trois ans, à la suite de la cessation des publications de *The Firebrand*, l'organe communiste de l'Ouest, qui se publiait au début à Portland (Orégon), puis à San Francisco. Le titre de *The Firebrand* vient d'être repris par une revue nouvelle, fondée, en septembre 1902, à Mount Juliet (Tennessee) et rédigée principalement par Ross, un communiste d'origine écossaise. Les Allemands ont deux organes assez répandus : *Freie Arbeiter Stimme* et *Chicagoer Arbeiter Zeitung*, deux journaux qui, à vrai dire, n'ont pas une grande portée intellectuelle.

CONCLUSION

L'anarchisme intellectuel et l'avenir de la société américaine.

En constatant la triple forme que revêt, aux Etats-Unis, le mouvement de résistance et de révolte de l'individu contre l'autorité, nous avons énoncé le principal grief du peuple américain à l'égard de ses institutions politiques. Ces institutions, affirme-t-il, tout en relevant de l'idée démocratique la plus pure qui ait jamais pu être réalisée, loin de garantir la liberté individuelle, tendent continuellement à la compromettre. L'État est confié à la direction d'une minorité dont le soin principal est de monopoliser le pouvoir politique, comme il a déjà monopolisé le pouvoir économique. Nulle part, et à nulle époque, l'histoire n'a offert un exemple aussi saisissant d'une vie politique appuyée exclusivement sur la richesse matérielle.

Aussi, phénomène singulier! malgré toutes les garanties qui paraissaient devoir résulter de la nature elle-même des institutions américaines, le rôle de l'individu, aux Etats-Unis, est-il sans cesse sacrifié au rôle que l'État se réserve. Le gouvernement, comme l'a bien remarqué M. Ostrogorski[1], devient de plus en plus un privilège de caste, et la caste des gouvernants exerce ses fonctions par des actes de tyrannie morale, politique et économique où le principe d'égalité doit fatalement sombrer. L'État tend à devenir de jour en jour plus sévère à l'égard de ceux qui ne possèdent rien, de jour en jour plus bienveillant à l'égard des favorisés de la fortune. En outre, la nécessité de protéger les privilèges existants l'oblige à compliquer graduellement ses rouages et à fortifier son autorité. Il en est résulté la formation d'une féodalité d'un nouveau genre dont les conquêtes idéales de la Révolution essaient en vain de tempérer la toute-puissance. Cette féodalité a ses barons dans les personnes des chefs de trusts, ses lansquenets dans les personnes des employés de l'État, ses serfs dans les personnes des travailleurs.

Un mouvement énergique de révolte contre cette dégénérescence de la démocratie s'est dessiné,

1. Ostrogorski, *La démocratie et l'organisation des partis politiques*, tome II. Paris, 1903.

aux États-Unis; et nous en avons rappelé les trois différentes manifestations.

Nous avons tâché d'examiner, ensuite, comment se manifeste cette forme particulière de la révolte, que nous avons appelée le « mouvement anarchiste » et qui a fait l'objet principal de notre étude. En parcourant les pages qui précèdent, le lecteur a pu s'apercevoir aisément que, des deux modes de manifestation du mouvement anarchiste, l'anarchisme intellectuel est celui qui répond le mieux aux conditions essentielles que doit présenter une propagande sociale, quelle qu'elle soit : car il a un plan d'action déterminé et positif. Cette remarque d'ordre général acquiert, en l'espèce, une valeur pratique absolue, en ce sens qu'elle vise directement le terrain lui-même sur lequel l'action anarchiste intellectuelle se poursuit. L'anarchisme intellectuel de M. Tucker a, en substance, d'autant plus de chances d'être un moyen efficace de défense et d'attaque, qu'il est propagé aux États-Unis, où le milieu en favorisera particulièrement l'essor. Il est indéniable que la concentration capitaliste produit une inégalité effective, mais l'amour de l'égalité n'est cependant resté nulle part aussi vif, aussi impérieux qu'aux États-Unis. Il ne faut donc pas trop redouter les suites du servage actuel, puisque ceux qui le subissent veulent s'en affranchir. Ce sentiment profond de l'égalité a pu déjà détruire, en Amérique, une multitude de préjugés politiques qui persistent encore dans les pays vieux, même les plus démocratiques, et qui y constituent, pour ainsi dire, le substratum de la vie sociale. Il a consacré effectivement l'égalité des sexes, il a fait de la croyance religieuse une affaire de conscience individuelle : deux conquêtes qui autorisent à en attendre beaucoup d'autres. La question des races empoisonne encore, à vrai dire, la vie sociale des États-Unis, mais elle se pose désormais trop souvent pour qu'on ne puisse compter sur sa solution prochaine. D'autre part, les nègres eux-mêmes faciliteront, par leur attitude nouvelle, la solution du problème. Les nègres montrent aujourd'hui, aux États-Unis, une véritable soif d'éducation et d'instruction. L'école professionnelle de Tuskegee, dans l'Alabama, œuvre de Booker Washington, l'Université d'Atlanta, en Georgie, d'autres universités encore, sont autant de foyers destinés à former d'excellents citoyens de couleur.

On ne s'en doute peut-être pas en Europe : mais aujourd'hui la littérature et l'art américains comptent déjà de remarquables représentants appartenant à la race nègre. Tout porte à croire, par conséquent, que la société américaine trouvera la force de surmonter les dangers d'ordre économique et social qui la menacent. Grâce à sa puissante vitalité, elle est, plus que toute autre, destinée à réserver au monde les plus éclatantes surprises.

Mais ce qui permet surtout de concevoir de légitimes espérances c'est ce courant merveilleux d'énergie individuelle qui circule à travers l'Union. Il a eu, jusqu'à présent, des manifestations tumultueuses, divergentes, anti-sociales. L'augmentation rapide du bien-être; la série ininterrompue des inventions et des applications; les richesses naturelles découvertes à chaque instant dans le sol du pays : tout contribua à ouvrir des horizons infinis d'activité devant chaque habitant de la généreuse terre d'Amérique. L'âme du citoyen américain se remplit d'orgueil et cet orgueil a été souvent cause de désastres. Une exaspération immorale de l'individualisme, comme dit M. Tucker, s'est produite. Les riches se sont habitués au spectacle de la misère; ils ont même cru, pendant un instant, que la misère avait la valeur d'un enseignement. Triste aberration!

Heureusement une force nouvelle se dégage peu à peu des ténèbres qui entourent la conscience humaine : le sentiment de la responsabilité. L'homme sent qu'il doit être meilleur, qu'il doit cesser d'être le maître, l'ennemi de son semblable. Il se le doit à soi-même. Et le jour approche où les hommes comprendront que c'est une honte et non pas un honneur que de dominer les autres.

*
* *

Les États-Unis nous préparent les premiers la création graduelle d'une masse d'individus conscients, forts et amoureux de leur prochain. Ce sera l'œuvre des anarchistes intellectuels comme Tucker et ses disciples. Je ne veux pas discuter les détails de leur doctrine; j'entends exclusivement la considérer comme un élément puissant de progrès, car la réformation sociale ne saurait s'accomplir autrement que par la rénovation de l'individu. La démocratie tournera ainsi sur elle-même et, de symbole qu'elle était d'une agrégation artificielle d'unité, tendra à devenir l'organe d'une amélioration continuelle des unités initiales, dans le but d'amener leur naturelle fusion. Je ne veux pas ici apprécier moi-même l'utilité ou l'inutilité du principe d'autorité; cependant je pense qu'il est bienfaisant d'entendre affirmer que le principe d'autorité est criminel, car il fait languir l'individu et, avec lui, le monde, qui ne peut être sauvé que par l'individu. Tant que l'individu sera esclave, tant qu'il tolérera son esclavage, il ne sera pas libre; et une société d'hommes esclaves ne peut pas être une société libre.

« L'État est la malédiction de l'individu », dit quelque part Henrik Ibsen. L'État empoisonne par le mensonge et l'hypocrisie toutes les sources de notre vie intellectuelle et pratique. Fonctionnaires, députés, journalistes, pasteurs, ambitieux sans noblesse, spéculateurs sans conscience, tous ont contribué à compliquer la vie de l'individu, à limiter, à rétrécir ses horizons. Ce sera donc aux « révoltés » qu'il appartiendra de conquérir la liberté et de guérir l'âme humaine meurtrie par une obéissance séculaire. Ne nous effrayons donc pas outre mesure de leurs idées et de leurs actes. Est-ce vraiment un crime que de haïr le mensonge, d'aimer la vérité, de garder en son âme une passion ardente pour le juste, le beau, la fraternité entre les hommes?

Dans cette œuvre de rénovation sociale, par la voie d'une *intégration* graduelle de l'individu, le rôle que la femme américaine est appelée à jouer sera peut-être décisif. Aux États-Unis, la femme méprise généralement la vie politique proprement dite et consacre toute son activité aux grandes initiatives de rédemption morale. Lors de la lutte contre l'esclavage, plusieurs femmes descendirent dans la lice pour prendre une part active à l'agitation abolitionniste. Elles eurent souvent à braver les violences de la foule, les attaques de la presse, l'ostracisme social. Aussi, les institutions destinées à soulager des misères physiques ou morales, à relever le sort des infortunés portent-elles, presque toutes, aux États-Unis, des noms de femmes. Sans en oublier tant d'autres, les noms de Harriett Beecher Stowe, de Lucretia Crocker, de Margaret Haughery gardent une place honorable dans l'histoire du progrès humain.

Comme elles sont belles, ces femmes énergiques qui luttent à côté de l'homme — et souvent indiquent à celui-ci la voie à suivre pour atteindre les hauteurs de l'intellectualité et de l'amour! Elles répandent autour d'elles cette lumière douce qui éclaire sans éblouir, qui ouvre des horizons nouveaux, qui éveille la pensée, la volonté, l'action, la vie.

*
* *

J'ai eu l'avantage de faire la connaissance de la famille d'un riche planteur de tabac de la Virginie. La ferme dont ce dernier était propriétaire, et que j'allai visiter sur son invitation, était située sur la ligne de Richmond, au milieu d'une contrée doucement ondulée, coupée de bosquets et de vallons. Tout autour, s'étendait à perte de vue le paysage riche en couleur et en chaleur lumineuse que l'on admire dans les États du Sud. Au loin, on apercevait, vaguement estompées sur l'horizon, les cimes sévères des Ridge Mountains qui se dressaient, hautaines, sur le *Wilderness* ou « Pays sauvage », où se livrèrent les sanglantes batailles de Spottsylvania, de Court house et de Chancellorsville, pendant la guerre de sécession.

Mon hôte m'introduisit auprès de sa famille, où je fus reçu de cette façon simple et digne, qui est le véritable secret de l'éducation américaine.

Madame V... était une de ces femmes dont la vue seule impose le respect et inspire l'affection. Elle possédait cette beauté fine, autant que saine, qui est aujourd'hui le privilège des races nouvelles. Blonde, les yeux clairs, le front large, le regard doué à la fois d'une vivacité pénétrante et d'une extrême douceur; le teint plutôt mat, mais donnant l'impression d'une blancheur délicatement rosée; la taille haute, les formes admirablement proportionnées... L'extérieur de la femme de mon hôte était le garant le plus sûr de sa beauté morale.

Elle me fit asseoir à côté d'elle dans un *rocking-chair*, sur la terrasse de la maison qui donnait sur un jardin ombragé et délicieusement parfumé.

« Vous me demandez », me dit-elle, au cours d'une longue conversation qui avait roulé entièrement sur l'action sociale de la femme, « vous me demandez ce que je pense des devoirs et des droits de notre sexe dans la vie sociale actuelle. Ma foi! je vous avouerai que je ne pense pas grand'chose sur ce sujet, mais que je « sens » beaucoup. Nous autres, femmes d'Amérique, nous ne saurions vivre sans donner un but précis, déterminé à notre existence. Ce qui nous différencie précisément des femmes européennes, en général, c'est notre force de volonté. Étant douées de volonté, les femmes américaines ne s'attardent pas beaucoup à discuter; elles préfèrent agir. L'action est un besoin impérieux de leur âme. »

Mon interlocutrice m'expliqua, ensuite, ses vues sur le mariage, sur l'amour. Elle déteste les idées conventionnelles de notre époque. Le mariage, suivant elle, devrait être au-dessus de tous les préjugés et de toutes les lois, car la loi viole la liberté des sentiments.

« Voyez-vous, Monsieur », me dit-elle, « en Amérique, le mariage contractuel n'existe pas, à proprement parler. On se marie devant le ministre de la religion à laquelle l'on appartient, de l'une des mille et une sectes religieuses qui existent dans le pays. Le mariage, ainsi effectué, n'a que la valeur d'une déclaration d'amour réciproque. Car vous admettrez, sans doute, s'écria Mme V..., que l'union des sexes sans amour est ce qu'il y a de plus honteux, humainement. »

Notre conversation sur ce sujet fut longue et animée. On évoqua Nora, Hedda Gabler, Rebecca West, Ophélia, Elsa, Marguerite, Beatrice, Laure et tant d'autres symboles d'amour féminin, différents et contradictoires.

« Ce mot sublime, le mot des dieux et des hommes : *Je t'aime!* doit être dit librement, hautement, noblement, et n'a besoin d'aucune autorisation pour être dit. »

Comme on le voit, mon interlocutrice connaissait Ibsen par cœur.

Mais, malgré l'à-propos de ses souvenirs littéraires, ce que j'admirais le plus en Mme V..., c'était la sincérité, la spontanéité de ses idées personnelles. C'est une femme libre, qui ne s'oublie pas dans l'amour, mais qui aime dans la plénitude de sa conscience et de sa volonté. Les femmes ainsi douées d'une énergie morale que la grâce adoucit, contribueront puissamment à la formation de la famille nouvelle, source d'équilibre social et de vertus civiques.

Je quittai la ferme de mon ami le cœur plein du charme de cette femme idéale. Le soleil crépusculaire inondait le paysage de sa lumière de pourpre et de feu. On entendait, au lointain, les chants des nègres qui s'en retournaient du travail.

« Oh! les généreux travailleurs, me dit Mme V... en me reconduisant. Je vous assure que je donne pour eux et pour leur relèvement moral tout l'effort de mon âme. » En attendant, les voix joyeuses répondaient :

O-O my lovely Lemma
I-I do love you so;
I-I love you better tha-a-an
I ever did befo!
O-oh! O-oh!

* * *

Il est temps que je me résume. Mon ami Louis Marle fait allusion, dans la lettre qu'il a bien voulu m'adresser, à la nécessité de rééditer le *Discours sur la servitude volontaire.* Je crois qu'il a trouvé le mot juste. Pour qu'un progrès véritable se réalise, l'homme doit bannir de son âme tout reste de servitude. L'heure de la renaissance a sonné.

« Il y a une nouvelle race d'hommes, nés d'hier, sans patrie ni traditions antiques, ligués contre toutes les institutions civiles et religieuses, poursuivis par la justice, généralement notés d'infamie et se faisant gloire de l'exécration commune. » Cette phrase n'est point, comme on pourrait le croire, empruntée à un réquisitoire de procureur général siégeant dans une affaire récente ; elle fut écrite il y a presque dix-huit siècles, et c'est Celse, celui qu'on a appelé « un conservateur du deuxième siècle », qui en est l'auteur. Ceux qu'il définissait ainsi, c'étaient les chrétiens.

Ils ont été les libertaires de leur temps, comme l'a écrit un vaillant publiciste, M. Raphaël Petrucci, car ils étaient, dans une certaine mesure, les contempteurs de l'État. L'État romain se confondait avec une religion dont la valeur civique était énorme, et aux rites de laquelle on ne pouvait se soustraire sans renier ses devoirs de citoyen. Pourtant, les chrétiens refusaient de s'y soumettre, ils opposaient aux persécutions une propagande active et une résistance passive. Leur royaume n'était point de ce monde, et ils pouvaient aller vers la mort avec un sourire, comme vers la réalisation du rêve éternel.

L'équilibre s'est fait peu à peu ; la religion nouvelle a remplacé l'ancienne, et les chrétiens sont devenus les possesseurs de cet État qui les persécutait. Dès lors, ils ont défendu l'organisation qu'ils avaient conquise. Les siècles ont passé, la monarchie absolue est née, et elle a eu ses contempteurs, qui furent les parlementaires et les apôtres du contrat social, auteurs de la Révolution du XVIIIe siècle. L'idéal religieux s'est ainsi séparé de l'idéal social, et celui-ci a été poursuivi dans une direction où l'on ne trouvait plus que des lois humaines. Mais l'État parlementaire devait à son tour trouver ses négateurs : ce sont les anarchistes.

L'histoire des États-Unis nous apprend, hélas! que la démocratie n'a pas su résoudre le problème de la liberté. Ce problème, qui devient de jour en jour plus menaçant, ne pourra trouver sa solution que dans le renouvellement de la conscience individuelle. L'Amérique précédera certainement l'Europe sur cette voie de lumière et de progrès. Elle nous donnera alors, suivant l'image de Shelley :

..... A nation
Made free by love, a mighty brotherhood
Linked in a jealous interchange of good.

TABLE DES MATIÈRES

CHAPITRE III

Les anarchistes insurrectionnels.

919-03. - Coulommiers. Imp. PAUL BRODARD. — 10-03.

Choses d'Amérique, par M. Max Leclerc. 1 vol. in-18 jésus, broché. 3 50

Ouvrage couronné par l'Académie française.

Ce livre est le résumé, non pas seulement des impressions de voyage de l'auteur, pendant un tour de trois mois, mais des observations méthodiques, des réflexions suivies qu'il a faites sur certains sujets particulièrement désignés à sa curiosité. Le premier chapitre : *Comment on fonde une ville*, a tout l'intérêt que promet son titre. Les chapitres suivants traitent de la situation morale et économique des fermiers de l'Ouest, de leurs revendications, de leur organisation en « Granges » et plus tard en « Alliance », de leur attitude à l'égard du bill Mac-Kinley, et finalement de la brusque volte-face par laquelle, déplaçant le centre de gravité politique, ils donnèrent aux élections qui suivirent, la majorité au parti démocrate. Ce livre s'achève par une étude intéressante et, en bien des points devenue prophétique, sur le catholicisme aux États-Unis.

Études de Droit constitutionnel (*France, Angleterre, États-Unis*), par M. E. Boutmy. 1 vol. in-18 jésus, broché. 3 50

Dans cet ouvrage, dont le titre pourrait tromper au premier abord, M. Boutmy a fait avant tout œuvre d'historien. C'est ce qui fait l'intérêt de ces magistrales études. Dans la première, l'auteur nous montre l'originalité profonde de la Constitution anglaise qui ne repose pas comme la nôtre sur un texte précis, et dans laquelle la tradition joue un rôle prépondérant. La seconde étude est consacrée à la constitution des États-Unis. Enfin, un troisième chapitre, suggéré par le rapprochement des deux morceaux qui le précèdent, en forme en quelque mesure la conclusion. Par une comparaison plus serrée et plus suivie avec la France, M. Boutmy fait ressortir dans cette dernière étude les différences, non seulement de forme et de structure, mais d'essence et de genre qui existent entre la Constitution des États-Unis et les nôtres.

N° 352bis.

La Femme aux États-Unis, par M. C. de Varigny. 1 vol. in-18 jésus, broché. . . . 3 50

L'auteur recherche comment s'est formée la femme américaine. Son rôle actif et énergique dans la fondation et la défense des Etats-Unis en a fait l'égale de l'homme, à la naissance de cette civilisation nouvelle. L'éducation des deux sexes en commun a consolidé cette égalité et a même contribué à donner la prépondérance à la femme, que la loi défend avec un soin jaloux. Rien n'est plus intéressant et plus curieux pour nous autres Européens, que ces mœurs si différentes des nôtres, flirt, amour, mariage, existence de la jeune fille et de la femme mariée; rien de plus étonnant que les abus résultant de la préoccupation protectrice de la loi et de la différence des législations dans chaque État.

En concluant, l'auteur rend hommage à l'Américaine moderne, fait la part de ses qualités et de ses défauts, et constate son heureuse influence sur la société aux États-Unis.

Les Chemins de fer aux États-Unis, par M. L. Paul-Dubois, auditeur à la Cour des comptes. 1 vol. in-18 jésus, broché. 3 50

Ce livre, résultat d'une enquête sur place, présente un double intérêt; il mérite d'être lu par les économistes et les industriels d'une part, et de l'autre par les capitalistes d'Europe soucieux d'être bien renseignés. Les uns y trouveront l'histoire et le régime actuel de l'industrie des transports en Amérique et pourront en tirer les conclusions pratiques qui peuvent nous être applicables tant au point de vue économique qu'au point de vue légal.

Et comme nos banquiers commencent à introduire sur le marché français des titres de chemins américains, le capitaliste pourra acquérir, grâce à M. L. Paul-Dubois, des notions précises sur la constitution financière des compagnies et sur la gestion de ces capitaux, amortissement, réserves, améliorations annuelles, portefeuille-titres, comptes, etc.

(*Revue économique*, Paris, 29 février 1896.)

L'Évolution sociale en Australasie,

par M. Louis Vigouroux (*Bibliothèque du Musée social*). 1 vol. in-18 jésus, avec une carte en couleur hors texte, broché . . . . 4 fr.

L'auteur a passé plus de huit mois en Australie et Nouvelle-Zélande, visitant les villes, les mines, les centres de culture et d'élevage; compulsant les archives, interrogeant des banquiers, des armateurs, des *squatters* (ou grands éleveurs), des agriculteurs, des planteurs, des patrons, des ouvriers, des hommes d'État et des gens d'études; pénétrant dans toutes les classes de la société et s'intéressant à toutes les manifestations de l'activité économique, politique et sociale.

Des monographies et des notices sur l'élevage, le minimum de salaire, les villages communistes, etc., contribuent à nous dépeindre les mœurs pittoresques de ces pays peu connus.

Cette enquête, basée uniquement sur l'étude des faits, vient à point, au moment où les colonies australiennes achèvent de s'organiser en Fédération et de procéder à un recensement général.

La Concentration des forces ouvrières dans l'Amérique du Nord,

par M. Louis Vigouroux (*Bibliothèque du Musée social*). 1 vol. in-18 jésus, broché . . . . 4 fr.

Ce livre est le résultat d'une enquête impartiale. Son but est de montrer pourquoi et comment les travailleurs américains ont « concentré leurs forces » dans certains métiers, organisé des fédérations couvrant toute l'Amérique du Nord et noué des relations avec les syndicats ouvriers du monde entier.

Après avoir décrit leur organisation, l'auteur a essayé de faire le bilan des conflits ouvriers, étudié les traités imposés par le vainqueur après la bataille (ou bien signés d'un commun accord pour empêcher l'ouverture des hostilités) et il s'est attaché à expliquer l'influence exercée sur les conditions du travail par le mouvement de concentration des employeurs et des employés. Enfin il a examiné le problème soulevé par l'organisation grandissante des travailleurs.

N° 395bis.

L'Inde d'aujourd'hui, par ALBERT MÉTIN.

1 vol. in-18 jésus, broché. . . . . 3 fr. 50

M. Albert Métin, qui a récemment visité l'Inde, a voulu combiner les conclusions générales tirées de l'étude des documents et les impressions personnelles du voyageur qui peuvent seules leur donner la vie et la couleur. Il a cherché surtout à expliquer les conditions de la vie sociale, au sens le plus large du mot.

Après avoir étudié le sentiment religieux indou, le passé et le présent de l'Islam aux Indes, il expose la situation des principautés indigènes, l'esprit et les procédés de l'administration anglaise, ainsi que le mouvement d'opposition né de la formation d'un prolétariat intellectuel indigène.

Il traite ensuite de la culture indienne et de ses charges, et aborde le problème si souvent discuté : l'Angleterre épuise-t-elle l'Inde? Enfin il étudie les conditions de l'ancienne et de la nouvelle industrie.

Un index très soigneusement établi ajoute beaucoup à l'utilité de ce remarquable ouvrage.

Le Japon politique, économique et social,

par HENRY DUMOLARD. 1 vol. in-18 jésus, broché. 4 fr.

« Ce livre, dit la préface, n'est point un recueil d'impressions de touriste. Ayant passé plus de trois ans à parcourir le Japon en tous sens, à partager l'existence intime de son peuple, à étudier les manifestations de sa vie sociale », l'auteur a voulu nous décrire « non le classique Japon des estampes et des bibelots, des maisons de thé, des fleurs ou des mousmés, mais le puissant Empire de 45 millions d'hommes, avec son armée dont on sait la valeur, sa flotte, ses usines, ses universités, son parlement, ses journaux, etc... »

D'autres, avant M. Dumolard, avaient ébauché cette entreprise. Personne ne semble l'avoir réalisée aussi complètement. Personne surtout ne semble y avoir apporté un esprit plus dégagé d'admirations convenues ou de dénigrements systématiques. Ceci est proprement un tableau complet et impartial du Japon dans sa vie passée et présente. »

(*La Revue de Paris.*)

www.ingramcontent.com/pod-product-compliance
Ingram Content Group UK Ltd.
Pitfield, Milton Keynes, MK11 3LW, UK
UKHW020550180726
13838UKWH00001B/151

9 782019 956691